AF524140

KNAUR

Michel Ruge

Große Freiheit Mitte

Mein wilder Trip durchs
Berliner Nachtleben

Besuchen Sie uns im Internet:
www.knaur.de

Originalausgabe März 2018
Knaur Taschenbuch

Ein Imprint der Verlagsgruppe
Droemer Knaur GmbH & Co. KG, München

Redaktion: Christian Lütjens
Lektorat: Annika Domainko
Covergestaltung: ZERO Werbeagentur, München
Coverabbildung: Detlev Schneider
Satz: Adobe InDesign im Verlag
Druck und Bindung: CPI books GmbH, Leck
ISBN 978-3-426-78926-1

2 4 5 3 1

»Der Traum ist aus. Aber ich werde alles geben,
dass er Wirklichkeit wird.«
Ton Steine Scherben

»Harte Schale, weicher Kern –
Michel Ruge hab ich gern.«
Daniel Richter

Inhalt

Prolog

Es war, als wären wir die letzten Menschen auf der Welt. Ich lief den anderen durch ein endloses Meer aus verfallenen Häusern hinterher. Der Himmel kippte von abendlichem Blau in nächtliches Schwarz. Die Luft war noch warm. Von hinten beobachtete ich, wie die Schatten meiner Freunde durch das fahle Licht flackernder Straßenlaternen huschten. Dann waren sie auf einmal verschwunden – verschluckt von einem dunklen Torbogen, dessen Wände das Knirschen ihrer Schritte als hohles Echo zurückwarfen.

Ich folgte ihnen blind. Durch einen düsteren Hinterhof, über provisorische Rampen aus Holzbrettern. Vorbei an Bauzäunen und Schuttbergen jagten wir einem dumpfen Dröhnen entgegen, das allmählich lauter wurde. Eine Eisentür klappte auf, und ein blasser Lichtstrahl schwappte ins Dunkel. Wie zuvor der Torbogen schluckte nun der Lichtstrahl die Schatten meiner Freunde. Dann schluckte er mich. Das Dröhnen explodierte, und wir standen mittendrin in einer wogenden Masse aus Menschen, deren Leiber im Rhythmus von Technobeats und flackernden Lichtern zuckten, schwitzten, bebten. Mein Körper bebte unweigerlich mit. Was war das hier? Eine Parallelwelt? Ein Traum? Ja! Das war Berlin.

1

Luft! Ich brauche Luft!

Schwer atmend blickte ich in die toten Augen der Prüfer, und mir wurde eines klar: Ich musste hier weg. Raus aus diesem Raum, dessen Wände sich immer mehr auf mich zuzubewegen schienen. Raus aus dieser Enge. Raus aus Hamburg.

Drei Jahre lang hatte ich diesem Moment entgegengefiebert. Er war der Höhepunkt einer Entwicklung, die mich vom Straßenjungen zum Künstler, vom gesellschaftlichen Freiwild zum Mitglied der anerkannten Gesellschaft machen sollte. Doch jetzt, wo der Moment gekommen war, wurde mir klar, dass ich die ganze Zeit einem Phantom hinterhergejagt war. Während meiner gesamten Schauspielausbildung war ich auf eine Klippe zugerannt, deren Kante ich nun erreicht hatte. Mir blieb nichts anderes übrig, als zu springen oder tatenlos in den Abgrund zu blicken, der mir aus den leeren Blicken meiner Prüfer entgegenstarrte. Unweigerlich schloss ich die Augen und sah die Bilder meiner rastlosen Jagd hierher auf meiner Netzhaut tanzen.

Zehn Jahre war es her, dass ich mit meiner alten Gang, mit meinen alten Freunden, die letzte Schlacht gekämpft hatte. Wenn ich es rückblickend betrachtete, hatte ich sie verloren. Sie war ein Aufbäumen gegen die Zeichen der Zeit gewesen, mein sinnloser Versuch, eine Freiheit zurückzuholen, die es längst nicht mehr gab. Schon damals war der Mikrokosmos meiner Kindheit – das St. Pauli der Siebzigerjahre – nur noch ein Abziehbild seiner selbst gewesen. Die Gewalt auf dem Kiez war immer größer geworden, der soziale Zusammenhalt immer schwächer. Freunde waren abgehauen, gestorben oder harten Drogen zum Opfer gefallen. Das Gesetz der Straße hatte seine Hoheit verloren. Ich hatte mir ein neues gesucht.

Gefunden hatte ich es hier, in der Schule für Schauspiel in der Oelkersallee. Hier hatte ich in den letzten drei Jahren meine glücklichsten Momente verlebt, die vielleicht schönste Zeit meines Lebens verbracht.

Zum ersten Mal hatte ich erfahren, was es bedeutete, nicht nach Status, Besitz oder Macht beurteilt zu werden. Meine Kreativität, meine Freude an Ausschweifungen und Übertreibung, all das, für das mich meine Eltern immer verurteilt hatten, waren hier kein Makel, sondern eine Qualität. Statt Stirnrunzeln erntete ich Applaus – von den Dozenten, von den Mitschülern und vor allem von den Mitschülerinnen.

Zu meiner Überraschung war meine Herkunft mein Kapital. Viele männliche Kommilitonen mühten sich erfolglos damit ab, genau die Maskulinität zu verkörpern, die ich seit Jahren auf der Straße lebte. Mir musste man nicht zeigen, wie man breitbeinig ging, auf den Tisch haute oder böse guckte. All das hatte ich im Alltag auf St. Pauli quasi nebenher lernen dürfen. Oft war es schmerzvoll gewesen, hatte mich an meine Grenzen getrieben, manchmal war es auch nur der einfachste Weg gewesen, sich Respekt zu verschaffen. Jetzt aber zahlte es sich in unverhoffter Weise aus.

Mitschüler und sogar Dozenten aus bürgerlichen Elternhäusern neideten mir die Authentizität, die ich ihnen voraushatte, und das nicht nur aus professionellen, sondern auch aus privaten Gründen. Denn das, was die Männer neidisch machte, weckte bei den Frauen Interesse. Und weil drei Viertel der Kommilitonen weiblich waren, war die Zahl meiner Freundinnen immer größer als die meiner Feinde.

So hatte ich neben dem Studium viel zu tun. Im ersten Jahr flirtete ich mit den Frauen aus meinem eigenen Jahrgang, im zweiten mit denen aus den Jahrgängen drunter und drüber, im dritten schlief ich mich durch sämtliche Betten meiner Mitschülerinnen. So prahlerisch das klingt, so unschuldig fühlte es sich in Wirklichkeit an. Wir waren Suchende. Immer begierig, Grenzen auszutesten und unsere eigene Empfindungspalette zu erweitern. Für mich, der ich nie ein routinierter Aufreißer gewesen war, war das völlig unglaublich. Jahrelang hatten Frauen in Diskotheken und auf der Straße meine Anmachen übersehen oder mich abblitzen lassen. Auf der Schauspielschule dagegen musste ich sie nicht mal mehr anmachen. Sie taten es von sich aus.

Im ersten Ausbildungsjahr führte das dazu, dass ich mich zwischenzeitlich für unwiderstehlich hielt. Was wiederum dazu führte, dass ich dachte, meine Anmachen in Diskotheken und auf der Straße würden jetzt doch zünden. Was lange nicht der Fall war. Danach kehrte ich geknickt zurück auf die Insel der Glückseligen in der Oelkersallee und wurde prompt wieder aufgerichtet. Wir lebten in unserer eigenen Welt. Wir waren die Kinder Grotowskis. Jerzy Grotowski war ein polnischer Theateranthropologe, nach dessen Theorien unsere Lehrer uns unterrichteten. Seine Lehre basierte auf der Philosophie, dass man Barrieren überwinden musste, um auf der Bühne das Innerste nach außen kehren zu können. Dass man Zustände verkörpern sollte, anstatt sie nur durch Handlungen zu illustrieren. Dazu musste man Erfahrungen sammeln. Auch sexuell. Das taten wir.

Der Freigeist ging so weit, dass die Frauen mich sogar untereinander weiterreichten, wie man es unter guten Freunden eben tut. Als ich mit der schönen Christina zusammen war, die wusste, dass ich eigentlich in ihre Freundin Henriette verknallt war, verkuppelte sie uns, besuchte mich aber trotzdem zum Schäferstündchen im Zimmer meiner WG. Bis ich irgendwann Nein sagte. Denn mit Henriette endete mein Dauerlauf der Promiskuität für einige Monate. Sie war meine große Liebe. In ihrer Weisheit und ihrem sanften, wunderschönen Silberblick fanden all die Offenbarungen, die mir die Schauspielschule eröffnet hatte, ihren Höhepunkt.

Henriette verhalf mir zu der ernüchternden Erkenntnis, dass ich Liebe und Hingabe bisher wohl gar nicht gekannt hatte. Weder meine Freunde, meine ersten Freundinnen noch meine Mutter hatte ich jemals so geliebt. Als wir zusammen in eine Wohnung am Hein-Köllisch-Platz auf St. Pauli zogen, waren die ersten Wochen der Himmel auf Erden. Wir lagen nächtelang wach, küssten uns, redeten und hörten Cat Stevens. Ich liebte Henriettes scharfen, analytischen Humor, ihr Talent und ihren Wagemut, derentwegen sie in der Schule ständig aneckte.

Sie war es, die mich dazu ermutigte, bei der Abschlussprüfung auf einen Regisseur zu verzichten und meine eigene Inszenierung zu machen. Und sie war es, die mich auf die Idee brachte, neben einem Monolog von Heiner Müller eine Collage aus erotischen Versen vorzutragen, die sich vom Einerlei der üblichen Klassiker abhob. Sie half mir dabei, mich selbst zu erkennen, indem sie mich erkannte. Aber sie war auch diejenige, die mir das Herz brach und mich dadurch gnadenlos auf den Abgrund zutrieb, in den ich bei der Prüfung blickte. Henriette war Schütze, wie ich. Wir waren beide gleich umtriebig, wild, eifersüchtig und lechzten gleich stark nach Liebe. Wir waren eine explosive Mischung, rieben uns aneinander auf. Das konnte auf Dauer nicht gut gehen.

Einen Monat vor unserem Abschluss kam der große

Knall. Während eines spektakulären Streits warf Henriette alle meine Bücher aus dem Fenster unserer gemeinsamen Wohnung im dritten Stock. Ich werde nie den Klang der flatternden Seiten im Wind vergessen, das dumpfe Aufschlagen der Einbände auf dem Asphalt, das unsere Trennung besiegelte. Später irrte ich ziellos zwischen den verstreuten Büchern auf der Straße umher, als wären es Scherben, aus denen ich unsere zertrümmerte Beziehung wieder zusammensetzen könnte. Am Ende ließ ich sie liegen – die Bücher auf der Straße und Henriette oben im Bett.

Meine Prüfung fiel – meiner fatalistischen Stimmung entsprechend – erbarmungslos existenzialistisch aus. Ich glaube, Heiner Müllers *Mann im Fahrstuhl* war nie verschwitzter, verlorener und verstörter als bei mir. Nie sind erotische Verse mit so verstörender Sehnsucht vorgetragen worden.

Dann stand ich da. Schwer atmend. Am Abgrund. Mit geschlossenen Augen, um nicht die Blicke der Prüfer ertragen zu müssen. Aber als sie anfingen zu sprechen, sah ich sie natürlich doch an. Eine verlogene, eitle Fachsimpelei begann. Alle sechs Prüfer waren in den drei Jahren zuvor meine Lehrer gewesen. Sie hatten lückenlos dem intimen Ausbildungsprozess beigewohnt, in dem ich mich erst öffnete, dann zerstören ließ und schließlich neu zusammensetzte. Dabei waren wir uns gegenseitig sehr nahegekommen. Sie kannten mich, ich kannte sie. Ich wusste, dass die Gesangslehrerin ein Alkoholproblem hatte und von ihrem letzten Freund für einen Mann verlassen worden war. Ich wusste von der gehemmten Erregung der Bewegungstrainerin im Umgang mit den männlichen Schülern. Ich wusste auch von den Grenzüberschreitungen der Schauspiellehrer, die ihre Machtposition gnadenlos ausnutzten, um Affären mit den Schülerinnen anzufangen.

Es war also völlig absurd, dass sie mich jetzt in hohlen Phrasen begutachteten, als hätten wir uns noch nie gesehen. Und dass sie mich mit toten Augen anstarrten, als wären wir Fremde. Ich hätte kotzen können über die Verlogenheit der Situation. Waren das die Formeln der anerkannten Gesellschaft, der ich entgegengestrebt war? Dann blieb ich lieber Freiwild. Ich hatte ja nichts zu verlieren. Henriette war weg, die Insel der Glückseligen in der Oelkersallee würde mir in Zukunft verschlossen bleiben, der vermeintliche Höhepunkt war zum Abgrund geworden. Ich konnte ihm weiter ins Auge blicken oder springen. Ins Bodenlose? Ins Ungewisse? Zurück zu mir selbst? Egal. Ich hatte nur ein Ziel: raus hier!

2

Erste Schritte

Der Morgen brach an. Keine Wolken. Ich lief, immer der aufgehenden Sonne entgegen. Meine Abschlussprüfung an der Schauspielschule lag zwei Monate zurück, und ich war wider meine Erwartung einer der wenigen, die sie bestanden hatten.

In den Wochen danach stand mein Telefon nicht mehr still. Regisseure wollten sich mit mir treffen, Theater boten mir Engagements an, ich hätte einen Stückvertrag in Bremen bekommen können. Doch ich sagte alles ab und beschloss, nach Berlin zu gehen. Um beim Film groß rauszukommen.

Die Chancen standen gar nicht schlecht. Ich war ungezähmt und hungrig, ich hatte ein aufregendes Demoband in der Tasche, auf dem ich Witze erzählte und pantomimisch die Muschi meiner eigenen Mutter leckte, und ich hatte eine professionelle Agentin, die mir geraten hatte, den neuen Aufwind, den Regisseure wie Sönke Wortmann, Fatih Akin und Tom Tykwer dem deutschen Film beschert hatten, als Karrieresprungbrett zu nutzen.

Wenn man in den Neunzigern als junger Schauspieler nach Berlin ging, stolperte man quasi automatisch von Casting zu Casting. Oder man wartete, bis einen der nächste Produzent von der Straße pflückte. Das wurde mir zumindest in Hamburg immer wieder erzählt. Abgesehen davon war meine Auswanderung natürlich auch eine Flucht vor Henriette. Ich wollte der Sehnsucht nach ihr endlich entkommen. Dafür brauchte ich eine Aufgabe. Eine große

Aufgabe. Die Eroberung der Filmwelt erschien mir gerade groß genug.

Die ganze Nacht lief ich quer durch Berlin. Vom ZOB am Funkturm im Westen, wo mich ein miefiger, überfüllter Fernbus aus Hamburg um elf Uhr abends abgesetzt hatte, bis hierher ins Häusermeer im Ostteil der Stadt. Es war ein endloser Marsch der Kontraste, der mich von einer alten Welt in eine noch ältere führte, die gerade erst wiederentdeckt worden war.

Auf das Getümmel am Busbahnhof folgten die Wohlstandsviertel Charlottenburgs, auf die Wohlstandsviertel der riesige, vor sich hingammelnde Brunnen am Ernst-Reuter-Platz, auf den Brunnen das fiebrige Dunkel des Tiergartens, wo rund um die Siegessäule die Schwulen in den Büschen standen.

Ich hastete weiter, immer geradeaus. Im Dunkel links und rechts – am Reichstag und am Potsdamer Platz – warteten die beiden größten und wichtigsten Baustellen der Republik auf ihre verspätete Vollendung. Aber ich hatte nur eins im Auge: das rußgeschwärzte Brandenburger Tor. Es war mein Nadelöhr ins Neuland. Dahinter lag all das, worüber Freunde aus Schauspielerkreisen in den letzten Jahren die wildesten Geschichten verbreitet hatten: besetzte Abrisshäuser, endlose Freiflächen, Technotempel, die sich in verfallenen Fabriken und Kaufhausruinen eingenistet hatten.

Mein Herz klopfte schnell und heftig. Trotzdem flog ich mit Leichtigkeit über den schlafenden Asphalt. Meine Erwartung beschwor in meinem Innern ein elektrisierendes und irgendwie vertrautes Gefühl von Freiheit herauf, das ich nur schwer fassen konnte. Natürlich war ich seit der Wende ab und an in Berlin gewesen. Ich hatte bei Freunden in linken Kommunen übernachtet und auf chaotischen

Bauwagenplätzen gefeiert. Jedes Mal war dabei eine Freiheit, eine Offenheit spürbar gewesen, die ich vermisst hatte, sobald ich zurück in Hamburg war. Ich hatte das als Urlaubsphänomen verbucht. Aber jetzt, wo ich das eigentlich trostlose Neuland Ostberlins Schritt für Schritt erschloss, während es am Horizont allmählich hell wurde, begriff ich, dass ich diese Mischung aus Verfall und Aufbruch, aus Dreck, Mief und weitem Himmel kannte. Von früher, aus St. Pauli. Wo sie sich in den letzten Jahren immer mehr verflüchtigt hatte.

Abgesehen von ein paar verbliebenen Aussteigern, hatten in Hamburg die Bedenkenträger und Spießbürger die Oberhand gewonnen. Die Parallelwelt des Theaters hatte mich lange vor dieser bitteren Erkenntnis bewahrt. Nachdem ich des zauberhaften Auffangnetzes der jungen, freien Schauspielschulgemeinde beraubt worden war, hatte sie mich mit doppelter Wucht getroffen. Auf einmal war ich an jeder Ecke gegen Mauern gelaufen, Mauern aus Regeln, Mauern aus Bedenken, Mauern aus Erinnerungen und Erwartungen. Mauern waren in meinem Leben schon immer dazu da gewesen, sie niederzureißen oder einzurennen. Es war also logisch, dass es mich in eine Stadt trieb, in der wenige Jahre zuvor bei einer Revolution der Freiheit eine Mauer zu Fall gebracht worden war.

Berlin war der perfekte Ort für einen Neuanfang, ein verrücktes Mekka der Künstler und Chaoten. Ein Ort, an dem zwar niemand Geld hatte, an dem aber trotzdem alle in Riesenwohnungen hausten und ein aufregendes Leben führten. Während in Hamburg die Welt aus dem Otto-Katalog nachgespielt wurde und sich alles um Geld drehte, begann das gute Leben in Berlin genau an dem Punkt, wo die Taschen leer waren.

Das hatte etwas Anarchisches, wie ich es aus dem alten

St. Pauli kannte. Man musste teilen, man musste improvisieren, man musste Entscheidungen treffen. Das ist es, was Anarchismus ausmacht. Selbstverantwortlich zu leben und frei zu sein. Dass Anarchismus oft mit Chaos gleichgesetzt wird, ist ein bescheuertes Missverständnis. Selbstverwaltung und die Ablehnung jeglichen Herrschaftssystems haben nur für diejenigen mit Chaos zu tun, die auf Biegen und Brechen ein Herrschaftssystem erhalten wollen, für machtbesessene Lemminge also. Und die blickten im undurchschaubaren Labyrinth der baufälligen Häuser Ostberlins, in dem ich mich jetzt immer mehr verfranste, nicht durch. Sie blieben draußen und überließen Suchenden wie mir das Terrain.

Wo war ich überhaupt gelandet? Mein Ziel – die Wohnung eines Freundes im Bötzowviertel am Prenzlauer Berg, in der ich vorübergehend übernachten konnte – hatte ich komplett aus dem Fokus verloren. Stattdessen war ich an der Friedrichstraße abgebogen und hatte mich treiben lassen. Die frische Morgenluft mischte sich mit dem Räuchergeruch von Ofenheizungen und dem moderigen Atem verwahrloster Hinterhöfe. In der Dämmerung wirkten die grauen Häuserfassaden, die teilweise noch Einschusslöcher aus dem Zweiten Weltkrieg hatten, auf erhabene Weise trostlos. Es sah aus wie auf Kuba oder in Neapel. Ich konnte die Geschichte der Stadt geradezu einatmen.

Aber noch mehr als den Gebäuden galt meine Aufmerksamkeit den Menschen. Während ich eine Straße namens Kastanienallee hinauflief, stolperten sie aus ihren Bars und den Hinterhöfen mit den illegalen Clubs: verlorene Nachtschwärmer, die sich kaum auf den Beinen halten konnten, junge Männer, die die gleiche Hilflosigkeit im Blick hatten, wie ich sie empfand. Immer zahlreicher bogen sie um Straßenecken und taumelten aus Hauseingängen. Und sie hatten Frauen im Schlepptau, die leicht wie Federn über den Gehweg schwebten, als würden sie den Boden kaum berühren. Diese Frauen strahlten von innen. Sie leuchteten mir den Weg, und ich folgte ihnen, ohne darüber nachzudenken.

»Verfolgst du uns?«

Die Worte trafen mich so unerwartet, dass ich mich umschaute, ob jemand anders gemeint war. Aber sie sah mich an. Ihre Lippen waren rot, ihre Haare lang und schwarz, ihre Augen braun und sanft. Alles an ihr war zart. Nur ihre Stimme klang scharf und fordernd.

»Nein, ich ...«

»Sicher?«

Ich hätte gerne spontan geantwortet, frech, aber ich war zu erschöpft.

»Ich schwöre, ich hab keine bösen Absichten.«

Bevor ich einen klaren Gedanken fassen konnte, hakte sie sich bei mir unter, zog mich mit sich, und ich spazierte mit ihr die Kastanienallee hinauf.

Ich war peinlich berührt von dieser Distanzlosigkeit, und machte mich darauf gefasst, dass sie mit mir ins Bett wollte. Dass es ihr darum gar nicht gehen könnte, überstieg meine Vorstellungskraft. Ich wusste ja noch nichts von dem unbefangenen Umgang mit Körperlichkeit, der die Berliner Frauen auszeichnete. Oder davon, dass ich auf der Kastanienallee die besten Jahre meines Lebens verbringen würde. Ich wusste so vieles noch nicht. Nur eines wurde mir in diesem Augenblick klar: Ich war auf meinem Abenteuerspielplatz für Erwachsene angekommen.

3
Wandler zwischen den Welten

Es dauerte genau eine Woche, bis ich eine Wohnung, einen Job und einen Freund hatte. Das mit der Wohnung war eine schnelle Nummer. An meinem zweiten Tag hängte ich im Umkreis meiner Übergangsbleibe im Bötzowviertel Zettel an Bäume und Laternenmasten, auf denen ich viel zu lang und viel zu persönlich irgendwas von »jung, gut aussehend, wohnungssuchend« schrieb und mich als idealen Mieter anpries. Drei Tage später hatte ich drei Angebote, eins verlockender als das andere.

Billigen Wohnraum gab es in Berlin wie Sand am Meer. Trotzdem sagte ich gleich nach der ersten Besichtigung zu. Für meinen Neuanfang war die Wohnsituation zweitrangig. Außerdem war die Wohnung in der Prenzlauer Allee 315 perfekt. Sie war riesig (100 Quadratmeter), sie war billig (500 Mark warm), und sie war in Laufweite zum Rosenthaler Platz, in dessen Nähe meine neue Arbeitsstätte lag. Ich wurde Barkeeper im *Rosenthaler*, einer Café-Bar, in der ich Cocktails mixen und mich von den Freundinnen der Betreiberin begaffen lassen musste wie ein exotisches Tier im Zoo, was ich gleichzeitig peinlich und schmeichelhaft fand. Aber immerhin: Schon nach einer Woche in Berlin hatte ich meine Bühne gefunden. Die Aufmerksamkeit, die mir hier zuteilwurde, würde ich mir beim Film allerdings erst noch erarbeiten müssen. So viel dämmerte mir.

Das *Rosenthaler* war ein Szeneladen. Ende der Neunziger wurde jede Bar, die in Mitte aufmachte, zum Szeneladen. Die Gegend erfand sich gerade komplett neu. Zu DDR-Zeiten waren ihre Gründerzeithäuser immer mehr verfallen, nach der Wende waren viele der ehemaligen Bewohner weggezogen. Jetzt kamen immer mehr Wessis, um sich im Niemandsland der Ruinen und Brachflächen selbst zu verwirklichen.

Das Publikum im *Rosenthaler* war wie ein Spiegel dieser Boheme zwischen den Welten. Die Macher neuer Magazine und Zeitungen trafen auf Theaterleute von der Volksbühne und vom Berliner Ensemble. New-Economy-Glücksritter trafen auf Professoren und Langzeitstudenten. Künstler trafen auf Schriftsteller, Ossis auf Wessis, und alle hatten immer irgendwelche gemeinsamen Projekte am Laufen, über die sie wild gestikulierend und in trunkener Leidenschaft diskutierten. Das taten sie so lange, bis der Abend fortgeschritten genug war, um in einen der Clubs weiterzuziehen, die sich in den leer stehenden Häusern der Umgebung einquartiert hatten. Dort verbrachten die Leute den Rest der Nacht. Um am nächsten Abend wieder auf den wackeligen Hockern und Stühlen der Mitte-Bars zu sitzen und sich aufs Neue in Rage zu trinken.

Mich faszinierte das pulsierende Treiben. Ohnehin war mein Job an der Bar mehr ein Vorwand, um die Menschen und ihre Eigenheiten zu studieren, als eine wirkliche Mission. Ich war der langsamste und unbegabteste Cocktail-Mixer, den die Welt je gesehen hatte. Damit passte ich mich unfreiwillig dem behäbigen Rhythmus der Mitte-Gastronomie an. Es war Standard, dass die Gäste schnodderig bedient wurden und lange auf ihre Bestellung warten mussten. Die Leute akzeptierten es mit stoischer Gelassenheit. Sie waren nicht in Eile. Zeit gab es in Berlin genauso viel wie billigen Wohnraum. Es war geradezu schick, sich den

Regeln im Rest der Republik zu widersetzen und damit die Ausnahmesituation der Stadt zu unterstreichen.

In meiner Freizeit entdeckte ich die Kastanienallee als mein Revier. Hier gab es nicht nur die interessantesten Cafés, sondern auch die schönsten Frauen. Ich nutzte die letzten heißen Septembertage dazu, mit Flipflops, Trainingshose und Unterhemd draufloszuspazieren, als würde das Viertel mir gehören.

Jeder Gang war eine Kür, und die Kastanienallee war gerade richtig dafür. Die Straße hatte den Charakter eines Laufstegs, den ich schon in den ersten Wochen in Berlin intuitiv spürte und der mich später dazu veranlasste, sie in »Casting-Allee« umzutaufen. Ich genoss es, die Blicke der Frauen auf mich zu ziehen. Dass ich zu schüchtern war, eine anzusprechen, stand auf einem anderen Blatt. Dafür wurde ich angesprochen. Von Sebastian. Der im *103* arbeitete, einem weiteren Szene-Café.

»Bist du nicht der Neue aus dem *Rosenthaler?*«, rief er mir eines Tages in seinem gedehnten österreichischen Akzent hinterher.

»Ja, bin ich.«

»Der Mojito, den du mir neulich gemacht hast, schmeckte grauenhaft.«

»Is'n Spezialrezept!«

Er grinste: »Gefällt mir, dein Spezialrezept.«

»Ich dachte, es schmeckt grauenhaft.«

»Tut es auch. Aber es knallt wie Sau.«

Wir lachten gleichzeitig los. Nachdem wir uns beruhigt hatten, fragte er: »Hast du Hunger?«

Dass ich nicht so viel Geld hatte, sah man mir wohl an. Ich zuckte mit den Schultern.

»Passt schon, ich hab grad 'nen Fehlbon.«

»Fehlbon?«

»Frag nicht, komm halt.«

So lernte ich an diesem Septembernachmittag gleichzeitig Sebastian und das Geheimnis des Fehlbons kennen. Letzteres bestand darin, dass Gerichte, die zwar bestellt, aber nicht abgeholt worden waren, an Freunde des Hauses umsonst rausgegeben wurden. Von diesem Tag an war ich ein Freund des Hauses. Beziehungsweise ein Freund von Sebastian. Ich revanchierte mich bei ihm mit knallenden »Spezialrezepten« im *Rosenthaler*.

4
Puls am Limit

Die Geschäftslandschaft, die sich in den baufälligen Häusern von Mitte eingenistet hatte, bestand aus Galerien, Antiquariaten, Bars, Clubs und Biobäckern. Letztere waren ein neues Phänomen. Es war erstaunlich, wie viele junge Idealisten sich hier den Traum vom eigenen Laden erfüllten, in dem sie individuelle Öko-Backwaren anboten. Dass sie damit einen Trend setzten, ahnte damals noch niemand. Die Leute gingen hin, weil sie Brot brauchten. Auch ich.

So lernte ich Lara kennen. Als ich eines Morgens meine Stammbäckerei betrat, stand sie am Tresen – die Beine etwas auseinandergestellt, den Kopf leicht in den Nacken gelegt, mit dem Finger auf das Baguette zeigend, das sie bestellte. Mich beeindruckte der Anblick. Diese Frau strahlte genau die Stärke und das Selbstbewusstsein aus, die ich mir für mich selbst gewünscht hätte. Ich hätte mich nie im Leben getraut, sie anzusprechen. Stattdessen sah ich auf den Boden, wie immer, wenn eine Frau zugegen war, die mich einschüchterte.

Ironischerweise kam ich genau dadurch mit Lara ins Gespräch. Denn auf dem Boden saß ihr Hund, ein Rhodesian Ridgeback, der mit treuen Augen zu mir hochsah und dabei so herzerweichend guckte, dass ich gar nicht anders konnte, als mit ihm zu sprechen. Das fand sein Frauchen lustig. Vielleicht hegte sie auch von Anfang an den Verdacht, dass ich ihren Hund nur benutzte, um an sie ranzukommen. Das Ende vom Lied war jedenfalls, dass die starke Lady vom Tresen mir ihre Nummer aufschrieb. Ich war total perplex. Während sie mit stolzen Schritten den Laden verließ, sah ich ihr mit offenem Mund nach und vergaß, was ich eigentlich bestellen wollte. Aus taktischen Gründen wartete ich zwei Tage, bis ich sie anrief. Aber ich tat es. Sie lud mich zu sich nach Hause ein. Ich konnte mein Glück kaum fassen.

Laras Wohnung lag in der Zehdenicker Straße. Der Weg dorthin führte durch eine graue Einfahrt, in einen grauen Hinterhof zu einem grauen Aufgang. Die Tür stand offen, deshalb ging ich direkt die Treppe hinauf. Die Mauern rochen muffig, aber mir kam trotzdem alles blumig vor. Fast meinte ich, Laras süßen Duft schon im Treppenhaus riechen zu können. Als ich ihre Wohnung im zweiten Stock erreichte, drückte ich den Klingelknopf, aber drinnen rührte sich nichts.

Ich versuchte es erneut und merkte, dass die Tür einen Spaltbreit offen stand. Sollte ich sie einfach aufstoßen? Die Frage erübrigte sich, weil sie im nächsten Moment von selbst aufschwang. Lara stand vor mir: »Komm ruhig rein! Die Klingel und das Schloss sind leider kaputt!«

Die Wohnung war eine Mischung aus Dreißigerjahre-Mobiliar und Ikea. Auf den Holzdielen lag ein Perserteppich, im Wohnzimmer stand ein Schminktisch mit Zierschnitzereien und einem dreiteiligen Spiegel. Der Rest war ein riesiges Durcheinander aus Frauenzeitschriften, Tampons und benutztem Geschirr, in dem der Rhodesian Ridgeback herumhüpfte. Ich fühlte mich, als hätte ich einen weißen Fleck auf der Landkarte der weiblichen Seele entdeckt. Wo andere Frauen vor Herrenbesuch lange aufräumten und die Insignien ihrer Intimität in Schubladen und Spiegelschränkchen verbannten, schien Lara ein offenes Buch zu sein.

Sie empfing mich so, wie sie war und lebte. Sie verstellte sich nicht. Dass sie mich damit nur noch mehr einschüchterte, merkte sie offenbar. Sie kam mir entgegen und küsste mich. Danach ging alles wie von selbst. Es war, als würde uns die erste Berührung aneinanderschweißen. Eng umschlungen schlichen wir Richtung Bett, das im Chaos thronte wie eine weiße Insel, auf die wir uns flüchteten wie Kinder, die etwas Verbotenes taten.

Schnell fielen unsere Kleider zu Boden. Aus rauem Stoff wurde glatte Haut, aus Zurückhaltung wurde Hast. Ich enthüllte einen perfekten Frauenpo und kleine feste Brüste. Auf Laras Steiß schimmerte der weiche Flaum blonder Härchen, darunter die unschuldige Haut. Zu meiner Freude stellte ich fest, dass sie nicht rasiert war. Ich liebte das. Für mich war es ein Zeichen von Selbstbewusstsein, wenn Frauen sich gegen das Diktat des Pornokahlschlags behaupteten. Wenn sie ihrem Körper erlaubten, erwachsen zu sein wie sie selbst. Ich wollte keine abgeseiften kleinen Mädchen. Ich wollte riechen. Ich wollte schmecken. Ich wollte Frauen. Lara war eine. Und sie wusste genau, was sie wollte. Sie verschlang mich, und ich ließ es zu.

Es war wunderschön. Das blieb auch so, als im Eifer des Gefechts das Kondom riss. Lara lachte nur darüber, und wir machten weiter, ohne Kondom. Sie war damit einverstanden. Ich dachte, sie nähme die Pille. Obwohl … Dachte ich in diesem Augenblick überhaupt über irgendetwas nach? Ich war glücklich. Darüber, dass wir uns gefunden hatten, darüber, dass sie mich beim Abschied fragte, ob wir uns wiedersehen würden. Darüber, dass sie es nach dem zweiten Treffen ebenso tat.

Drei Wochen lang schwebte ich auf Wolke sieben. Es war eine perfekte Zeit. Wir quälten uns nicht mit Definitionsdruck, ob wir nun eine Beziehung oder eine Affäre hatten, die Dinge entwickelten sich von selbst. Nach zwei Wochen fragte sie mich, ob ich bei ihr einziehen wollte, und ich kündigte sofort meine Wohnung in der Prenzlauer Allee. Das war ganz unkompliziert – noch so eine Besonderheit jener Jahre kurz nach der Wende. Es gab keine Fristen oder Verträge, ein Anruf genügte. »Gut, dann gehen Sie zum Monatswechsel raus«, sagte der Vermieter. Das war in einer Woche. Möbel hatte ich sowieso keine, also war die Sache geklärt.

Doch dann drehte sich auf einmal der Wind. Von einem Tag auf den anderen empfing Lara mich nicht mehr mit einem Kuss, und sie hatte nicht mehr das Leuchten in den Augen, mit dem sie mich sonst anstrahlte, wenn wir uns trafen. Stattdessen erzählte sie mir kühl und sachlich, dass sie vermutete, schwanger zu sein.

»Von mir?«, fragte ich. Meine Erregung ließ mich über ihre seltsam reservierte Art hinwegsehen. Ich fand die Vorstellung eines gemeinsamen Kindes wunderbar, hatte mir immer eine Familie gewünscht. Gemeinsam mit Lara konnte ich all das richtig machen, was meine eigenen Eltern bei mir falsch gemacht hatten. Wir konnten beweisen, dass Eltern keine frustrierten Spießer sein mussten, die ihre Blagen erst in die Welt setzten, um sie dann dafür verantwortlich zu machen, dass sie ihr Leben zerstört hatten. Wir konnten beweisen, dass das bürgerliche Gebilde Mutter, Vater, Kind nicht zwangsläufig mit einer Entfremdung vom wahren Leben einhergehen musste. Dass die Liebe zum Kind nicht die Liebe zwischen Frau und Mann zerstören musste. Jetzt, wo wir sowieso zusammenzogen, rückten all diese Träume in greifbare Nähe.

In den Tagen zwischen dem ersten Schwangerschaftstest und der Bestätigung durch den Arzt ging ich wie auf Watte. Vielleicht musste ich ja gar nicht zum Film, gar nicht berühmt werden. Vielleicht hatte das Schicksal mich aus einem anderen Grund hierhergeführt. Vielleicht wollte es mich nach der Enttäuschung mit Henriette entschädigen, mit etwas Größerem, Bedeutsamerem.

Diese Vorstellung begeisterte mich. Doch mit meiner Begeisterung stand ich allein da. Während meine Zuneigung wuchs, wurde Lara immer abweisender. Als der Arzt ihre Schwangerschaft bestätigte, verkapselte sie sich innerhalb weniger Tage völlig in ihrer eigenen Welt. Hatte sie mir zuvor uneingeschränkten Zugang zu ihrem Leben gewährt, schloss sie mich jetzt vollständig davon aus.

All die positiven Veränderungen, die Schwangere angeblich durchmachen – die innere Ruhe, die rosige Gesichtshaut, das Aufblühen –, schienen sich bei ihr ins Gegenteil zu verkehren. Sie war zickig, ihre Haut wurde fahl, sie verwelkte. Auch die berühmten Stimmungsschwankungen und die damit verbundene Reizkurve von null auf hundert beherrschte sie perfekt. Bei einem heftigen Streit schmiss sie mich schließlich aus der Wohnung.

Ich war schockiert, aber ich dachte auch, sie würde sich wieder beruhigen. Also ging ich auf einen Fehlbon zu Sebastian und versuchte, dem Streit nicht zu viel Bedeutung beizumessen. Als ich nach drei Stunden zurück in die Zehdenicker Straße kam, war das Schloss ausgetauscht. Seit unserem Kennenlernen war es kaputt gewesen, immer hatte die Wohnung offen gestanden. Jetzt war sie plötzlich verrammelt.

Ich bekam Panik, hämmerte gegen die Tür, rief Laras Namen, versuchte sie anzurufen. Alles, was ich zurückbekam, war eisernes Schweigen. Ich wartete noch eine Weile im Treppenhaus, klopfte und rief erneut. Ohne Erfolg. Ich ging. Zu meiner Wohnung in der Prenzlauer Allee, aus der ich am nächsten Tag ausziehen musste. Wo sollte ich jetzt hin? Was sollte ich von alldem halten? Hatte Lara sich die Schwangerschaft nur ausgedacht, um mich an sich zu binden und dann wegzustoßen? Wollte sie kein Kind? Wollte sie kein Kind *von mir?*

Ich bekam keine Antwort auf diese Fragen. Als ich sie ein paar Tage nach dem Streit – ich schlief inzwischen wieder bei meinem Kumpel im Bötzowviertel – anrief, war die Leitung tot. Ich ging noch einmal zu ihrer Wohnung, aber Laras Name war vom Klingelschild entfernt worden. Selten in meinem Leben hatte ich mich so betrogen gefühlt.

Ich war allein, mein Kopf platzte fast vor lauter Fragen, auf die ich keine Antwort wusste, mein Glaube daran, dass das Schicksal schon alles richten würde, war zerschmettert. Innerhalb weniger Tage war ich zwischen den gleichen Extremen hin- und herkatapultiert worden, die auch Laras Reizkurve bestimmten. Nur umgekehrt: von hundert auf null.

5

Die letzten Stunden Hamburg

Vielleicht wäre ich nach dem Scheitern meines Familientraums mit Lara wahnsinnig geworden, wenn ich nicht eine Fluchtmöglichkeit gehabt hätte: den Kampfsport. Um mich abzulenken, stürzte ich mich ins Training. Ich hatte kurz vor meinem Abschluss an der Schauspielschule mit Escrima angefangen, einer Mischung aus südostasiatischer Kampfkunst und europäischer Hiebfechtschule. Da mein Lehrer Bernd Schubert in Hamburg saß, hatte ich den Unterricht in den letzten Wochen schleifen lassen. Doch jetzt, wo die Enttäuschung über Lara mich als offene Wunde zurückgelassen hatte, gab ich wieder Gas. Um auf andere Gedanken zu kommen. Um mich von meiner eigenen Niederlage abzulenken. Um mich für weitere Schläge zu wappnen.

Tatsächlich fühlte ich mich beim Training entschlossener, mutiger und weniger einsam, und die körperliche Erschöpfung danach knipste das Rauschen der Fragen in meinem Kopf aus. Gleichzeitig fühlte ich mich immer ein bisschen schuldig. Warum kämpfte ich weiter, obwohl ich nach allem, was ich erlebt hatte, doch eigentlich ein kampfloses Leben führen wollte?

Seit den Schlägereien meiner Jugend auf St. Pauli hatte ich der Gewalt den Rücken gekehrt. Ich war zum Streiter für die Kraft der Kreativität geworden, zum Verfechter eines gewaltlosen Anarchismus. Ich wollte der allgegenwärtigen Brutalität mit den Mitteln der Fantasie begegnen. Trotzdem trieb mich jede herbe Enttäuschung zurück in die Arme einer Welt der Hiebe, Stiche und blauen Flecken. So war es nach der Trennung von Henriette gewesen, und so war es auch jetzt. Beim Training vergaß ich meinen Schmerz. Wenn ich kämpfte, war ich auf Augenhöhe mit mir selbst, anstatt ständig an mir zu zweifeln. Diese Augenhöhe brauchte ich jetzt. Deshalb setzte ich mich, wann immer meine Zeit es zuließ, in den miefigen Fernbus und fuhr zu meinem Escrima-Lehrer nach Hamburg.

Bernd war ein großer, kräftiger Typ mit wenig Haaren und Henriquatre-Bart. Auf den ersten Blick sah er aus wie ein friedlicher Familienvater, aber in der Kampfsportszene war er weltweit als Rausschmeißer und Vollkontaktprofi berühmt, in Hamburg eine Kämpferlegende. An der Stresemannstraße hatte er einen Verein, wo er von Halbweltgrößen bis zu Soldaten alle unterrichtete, die lernen wollten, wie man möglichst schnell und ohne Skrupel seine Gegner ausschaltete.

Man konnte Escrima mit Schwertern, Säbeln und Stöcken praktizieren, aber auch komplett ohne Waffen. Es war die progressivste, effektivste, brutalste Art, einen Gegner schnell zu besiegen. Beim Training musste ich ordentlich einstecken. Ich wusste, dass ich nicht der Größte oder der Stärkste war und dass diese Disziplin eine harte Herausforderung für mich war. Aber das musste so sein, alles andere wäre mir zu wenig gewesen. Deshalb glich ich die körperlichen Defizite durch doppelten Eifer und unbändige Willenskraft aus.

Ich trainierte wie ein Besessener, stundenlang. Mein Einzelunterricht bei Bernd endete in der Regel erst am späten Abend, sodass es oft zu spät war, um noch zurück nach Berlin zu fahren. Dann übernachtete ich bei einer Freundin. Sie hieß Maja und war eine meiner frühen Eroberungen aus der Schauspielschulzeit gewesen. Mit ihr zusammen zu sein, war wie eine Rückkehr in eine ahnungslose, aber glückliche Zeit vor Henriette und Lara.

Ihre Gesellschaft tat mir gut. Gleich in meiner ersten Nacht in ihrer Wohnung schliefen wir miteinander, ohne dass ich es geplant hätte. Es passierte einfach, ohne Fragen, ohne Erwartungen. Vielleicht weil sie meine Erzählungen über den Kampfsport verwegen fand, vielleicht auch nur, weil wir uns beide nach der alten Zeit und ein bisschen Nähe sehnten. Im Bett waren wir wieder die Kinder Grotowskis, die wir in der Oelkersallee gewesen waren. Wir redeten ein bisschen oder aßen zusammen, dann schliefen wir miteinander. Wir gingen jedes Mal aufs Ganze, wenn auch nur für ein paar Stunden.

Nachdem Maja eingeschlafen war, verflüchtigte sich die geborgte Geborgenheit allerdings schnell. Dann kroch wieder das erdrückende Gefühl von Verlorenheit und Einsamkeit in mir hoch, und ich schlich in die Küche, um weiter zu trainieren. Es waren stille Stunden der Selbstvergessenheit, in denen ich mich in dem kleinen Raum zwischen dem Herd und dem Kühlschrank austobte, bevor ich nackt zurück ins Bett kroch, um vom Hauen und Schubsen und den anderen Dingen zu träumen, die ich am Tag erlebt hatte. Oft träumte ich auch wirre Dinge von Lara. Wie sie rosig lächelnd mit einem Kind auf dem Arm auf mich zukam, aber sobald ich sie berührte, aschfahl wurde und zu Staub zerfiel. Wie sie einen offenen Babybauch mit Innereien füllte, die sie mir aus den Eingeweiden riss. Wie sie sich in meinen Armen selbst in ein Baby verwandelte, das unter meinen Berührungen dahinschwand. Nach solchen Träumen wachte ich schweißgebadet auf und konnte es nicht abwarten, meinen verletzten Geist wieder durch Escrima zu betäuben.

Sobald ich zurück in Berlin war, probierte ich meine neuen Kampftechniken mit Sebastian aus. Auch er hatte bereits Erfahrungen auf dem Gebiet. Er hatte jahrelang Kung-Fu gemacht. Wir schenkten uns nichts. Weil wir keinen Trainingsraum hatten, kämpften wir draußen. In den Brachlandschaften und Hinterhöfen von Mitte und Prenzlauer Berg prügelten wir uns so hart, dass Leute, die uns beobachteten, nur den Kopf schüttelten. Die Reaktionen der Zuschauer signalisierten ultimatives Unverständnis, aber auch heilige Ehrfurcht. Beides spornte uns nur noch mehr an.

Ich weiß noch, wie wir uns einmal im Mauerpark mit Stöcken grün und blau prügelten. Am Ende lagen wir wie erschlagen auf der Wiese und keuchten den über uns dahinjagenden Wolken entgegen. Alles tat weh, aber es fühlte sich wunderbar an. Für einen kurzen Augenblick hatten wir uns freigekämpft. Von unseren Ängsten, von unseren Zweifeln. Von Lara und den anderen Frauen da draußen, die unsere Herzen gebrochen hatten. Doch es war noch hell. Und Sebastian hatte verloren. So sprang er nach fünf Minuten auf und forderte mich erneut heraus. Ich nahm an. Ich hätte niemals abgelehnt. Nicht bei Sebastian, meinem Freund.

Bernd Schubert, mein Hamburger Trainer, bemerkte nicht nur meine blauen Flecken, sondern auch meinen brennenden Ehrgeiz. Durch die Intensiveinheiten in Hamburg und das Kamikaze-Programm in Berlin lernte ich schneller als die Schüler, die nur das Standardprogramm durchzogen und den Unterricht konsumierten wie eine Fernsehsendung. Und so fragte Bernd mich einmal in einer Pause: »Hast du in Berlin einen Trainingsraum?«

Ich schüttelte den Kopf: »Nee, wir machen das unter freiem Himmel. Ist sowieso zu viel Platz da.«

Er nickte nachdenklich und sah mich mit einer Mischung aus Missbilligung und Anerkennung an. Ich verstand den

Blick nicht, also schwieg ich. Wir gingen zur nächsten Einheit über und arbeiteten weiter. Erst als wir nach dem Training erneut zusammensaßen, sah er mich wieder mit diesem eigenartigen Ausdruck im Gesicht an.

»Stimmt was nicht?«, fragte ich.

»Doch, doch«, grinste er. »Ich hab nur so 'ne Idee.«

»Was für 'ne Idee?«

»Warum machst du in Berlin nicht selber 'ne Escrima-Schule auf?«

»Was?« Ich verschluckte mich an meinem Wasser. »Ich bin doch selber noch am Anfang.«

»Und was spricht dagegen, dass du das, was du gelernt hast, direkt an andere weitergibst?«

Mich faszinierte der Gedanke: »Äh. Vielleicht, dass ich kein Lehrer bin?«

»Und was ist mit deinem Kumpel?«

»Welchem Kumpel?«

»Der, mit dem du dich unter freiem Himmel kloppst.«

»Was hat der denn jetzt damit zu tun?«

»Na, bei wem lernt der denn?«

Ich brauchte ein paar Sekunden, bis der Groschen fiel. Doch bevor ich ein »Bei mir« erwidern konnte, war Bernd aufgestanden, hatte mir auf die Schulter geklopft und ließ mit einem glucksenden »Du machst das schon!« die Tür hinter sich ins Schloss fallen.

In dieser Nacht tobte ich noch schwereloser zwischen Herd und Kühlschrank umher als sonst. Und als ich mich später im Bett an Majas nackten Körper schmiegte und trotz aller Aufgewühltheit doch noch ein bisschen Schlaf fand, träumte ich nicht von Eingeweiden und verschwindenden Babys, sondern vom Mauerpark, in dem ich mit Henriquatre-Bart hin und her sprang und den über mir dahinjagenden Wolken blaue und grüne Flecken verpasste.

6
Volle Breitseite leere Versprechungen

Der Gedanke, dass Lara zur Besinnung kommen und sich wieder melden würde, war nicht der einzige Hoffnungsstrohhalm, der im Laufe der Wochen immer weiter abknickte. Der zweite war mein Glaube an meine Karriere beim Film, der mich überhaupt erst nach Berlin getrieben hatte. Mir wurde schnell klar, dass es mit den grenzenlosen Möglichkeiten der Filmstadt an der Spree nicht weit her war. Ich wurde weder mit Vorsprech-Terminen überhäuft noch von Produzenten auf der Straße angesprochen.

Stattdessen konnte ich miterleben, wie meine Energie an jungen Casterinnen abprallte, die sowieso alle Rollen an ihre Partyfreunde verteilten. Oder wie mir beim Vorsprechen sogar meine Mitbewerber applaudierten, am Ende aber trotzdem Typen genommen wurden, denen der Part schon im Voraus versprochen worden war. Oder wie ich für einen Kinofilm vorsprach, dann aber mit einem stummen Part in irgendeiner Fernsehserie abgespeist wurde. Mit anderen Worten: Ich bekam die volle Breitseite der Willkür eines Filmgeschäfts zu spüren, in dem man anscheinend nur durch Connections und Hurerei weiterkommen konnte.

Es war das Gegenteil vom Kampfsport. Während man beim Escrima Fortschritte an Ergebnissen ablesen konnte und über Sieg oder Niederlage der Kampf als solcher entschied, war beim Film alles von persönlichen Vorlieben und Sympathien abhängig. Das machte mich wahnsinnig. Und auch wenn ich den Traum vom Ruhm nicht sofort aufgab, dämmerte mir, dass ich für eine Karriere auf den Ficksofas der Produzenten zu stolz war. Oder zu doof. Oder beides.

Unter diesen Vorzeichen fiel Bernds Angebot, in Berlin eine Escrima-Schule aufzumachen, bei mir auf fruchtbaren Boden. Dass ich es in die Tat umsetzte, hatte aber auch mit einem alten Bekannten zu tun. Ich traf in Berlin zufällig Daniel Richter wieder. Ich wusste schon, dass er in der Kunstszene inzwischen total angesagt war. Für mich war er trotzdem noch der arme Künstler und alte Straßenkeiler aus Hamburg. Ein guter Typ, der Türsteher im *Golden Pudel Club* gewesen war und in der Hafenstraße gegen Neonazis gekämpft hatte.

Wir hatten uns über seine Frau Angela kennengelernt, die Regisseurin in Hamburg war. In meiner Zeit an der Schauspielschule sollte ich in einem Stück mitspielen, das sie inszenierte. Die Proben waren eine Katastrophe. Ich war superanarchisch drauf und schrie ständig rum, prügelte mich oder verschüttete Alkohol, auch wenn es nicht im Text stand. Wenn ich nicht weiterwusste, stellte ich mich mitten auf die Bühne und holte meinen Schwanz raus. Damit brachte ich Angela zum Lachen. Das war wohl irgendwie auch mein Ziel. Sie zu beeindrucken.

Sie war eine tolle Frau, und ich wäre gerne mit ihr ins Bett gegangen. Hätte ich mich aber nicht getraut. Denn da war ja noch Daniel, mit dem ich mich gut verstand und von dem ich wusste, dass er kämpfen konnte und mich sofort plattgemacht hätte. Vielleicht legte ich es darauf an, dass Angela mich aus der Produktion rausschmiss. Das jedenfalls tat sie schließlich. Man konnte es ihr nicht verübeln. Mein Übereifer hatte an Sabotage gegrenzt.

Als ich Daniel nun in Berlin wiedertraf, kamen wir schnell auf das Thema Kampfsport zu sprechen. Auch er hatte Unterricht bei Bernd Schubert gehabt und machte schon jahrelang Escrima. Als ich ihm von dem Vorschlag erzählte, in Berlin eine Schule aufzumachen, ermutigte er mich sofort. Er bot sogar an, mir gratis Zusatztraining zu geben. So begann meine harte Schule bei Richter Gnadenlos.

7
Einsam unter Einsamen

Obwohl ich inzwischen eine schöne neue Wohnung am Helmholtzplatz hatte, verbrachte ich viel Zeit bei Daniel in der Auguststraße. Sein Atelier war eine riesige Halle in einem Gebäude, das früher als Postfuhramt gedient hatte und jetzt vor sich hin rottete. Damit unterschied sich der imposante Bau nicht vom Großteil der Gebäude in Mitte. Allerdings stand er unter Denkmalschutz, sodass dafür gesorgt wurde, dass die Räume nicht komplett auskühlten, indem sie zwischenvermietet wurden. Zum Beispiel an Künstler. Sogar die Heizkosten wurden übernommen.

Für Daniel, der inzwischen mehrere Tausend Mark pro Bild verdiente, war das ein echtes Schnäppchen. Anfangs hatte ich riesigen Respekt vor den Werten, die da an den Wänden hingen und um die wir beim Training herumtobten. Schließlich flogen unsere Füße und Schlagstöcke ständig haarscharf an den Bildern vorbei. Ich hatte immer Schiss, dass ich in eines reinkrache, was aber zum Glück nie passierte. Stattdessen krachte Daniel in mich hinein. Die Kämpfe mit ihm waren eine andere Hausnummer als die mit Sebastian. Er war ein strenger Lehrer, der einer pragmatischen Philosophie folgte: »Wenn es wehtut, hast du was falsch gemacht!«

Er selbst machte selten etwas falsch. Ich schon. Dafür bezahlte ich mit Schmerzen. Weil Daniel meine Schwächen schnell kannte, nutzte er sie schamlos aus. Er hatte eine diebische Freude daran, mir erst das Gefühl zu geben, ich sei auf dem richtigen Weg, um mir dann plötzlich und unerwartet auf dieselbe Stelle zu kloppen, die ich schon beim letzten Kampf nicht ausreichend geschützt hatte. »Du lernst es nie!«, spottete er dann.

Ihm war klar, dass er damit meinen Ehrgeiz anspornte. Doch meine Angriffslust konterte er mit Psychologie. Wenn ich bei der Revanche in verbissenem Eifer auf ihn zustürmte, raunzte er kurz vorm ersten Schlag: »Guck nicht so theatralisch!«, und brachte mich für einen winzigen Augenblick aus dem Konzept. Das reichte, um mir blitzschnell wieder eine zu verpassen. Er kannte kein Pardon.

So sah ich ihn häufig doppelt, wenn ich nach dem Training den Helm abnahm. Zweimal musste ich sogar ins Krankenhaus, weil ich meinen Arm nicht mehr bewegen konnte. Knochenprellungen waren das Lehrgeld, das ich für mein Gratistraining zahlte. Letztendlich spornten sie mich noch mehr an, denn nach jeder Niederlage dachte ich: »Na warte, irgendwann zahl ich es dir heim.« Das tat ich auch. Aber bis dahin dauerte es noch eine ganze Weile.

Im Gegensatz zu den Fortschritten im Kampf ging die Suche nach Räumen für eine Escrima-Schule schleppend voran. Das hatte weniger mit mangelnder Auswahl zu tun als mit dem hedonistischen Sog Berlins. Sebastian schleppte mich jetzt oft auf irgendwelche Events. Mal landeten wir auf einer Vernissage in Kreuzberg, bei der wir die Kunstwerke konsequent ignorierten, uns dafür aber mit riesigem Eifer über die Bar und das Buffet hermachten. Dann wurden wir im *103* von irgendwelchen geheimniskrämerischen Künstlern auf eine Party eingeladen, deren Sinn und Zweck wir erst verstanden, als wir in einer versifften Dachgeschosswohnung im Prenzlauer Berg klingelten und in eine

Orgie reinplatzten, bei der eine Horde nackter Männer vollgedröhnt mit Champagner und Poppers den Weltuntergang herbeivögelte. Castorf hätte es mit seinen Schweineblutschlachten an der Volksbühne nicht rauschhafter inszenieren können. Auch hier beschränkten wir uns auf die Bar. Und flüchteten danach ins *WMF*. Das war Sebastians Lieblingsclub. Der Laden stand für all das, wofür das Nachtleben der neuen Hauptstadt ohnehin berühmt war: Techno, Freigeist, Drogen und ständig wechselnde Locations.

Begonnen hatten die Gründer kurz nach der Wende, indem sie das leer stehende ehemalige Stammhaus der Württembergischen Metallwarenfabrik (WMF) am Potsdamer Platz besetzten. Die ungenehmigte Zwischennutzung wurde eine Weile geduldet, dann kam die Räumung. Seitdem eröffnete das *WMF* alle paar Jahre in einem anderen abbruchreifen Gebäude neu. Momentan war es in der Johannisstraße beheimatet. In einem leeren Fabrikgebäude, das man über einen Hinterhof erreichte, der so dunkel war, dass ich mich anfangs fragte, wo die Besucher die schlafwandlerische Sicherheit hernahmen, mit der sie auf den versteckten Eingang zuströmten. Aber es dauerte nicht lange, bis auch mein innerer Kompass auf die geheimen Codes des Nachtlebens geeicht war. Man musste nur die Augen offen halten und darauf achten, welche Leute wo durch ein Loch im Zaun schlüpften oder in ein verlassenes Grundstück einbogen, um dort zu landen, wo der Puls der Zeit schlug. Mit 100 Dezibel und 150 Beats die Minute. In den Kathedralen des Tanzes – den Technotempeln.

In den Clubs schien alles mit allem und jeder mit jedem zu verschmelzen. Es war ein großes Abschalten und Sich-Wegschmeißen, das hier im rastlosen Rausch der Lichter und Töne zelebriert wurde. Meine Welt war das nicht. Für mich blieb die Kombination aus radikaler Kollektivität und absoluter Vereinzelung ein Widerspruch. Zwar tanzten die Leute dicht an dicht – ihre Energie vermischte sich mit der aller anderen, um am Ende als kondensierter Schweiß von der Decke zu tropfen –, aber trotzdem blieben alle für sich. Man tanzte, um mit sich selbst eins zu werden, und man nahm Drogen, um sich selbst besser zu spüren. Ich nahm keine Drogen und tanzte nicht. Stattdessen entfachte der phänomenale Anblick der tanzenden Menge in mir eine unbändige Sehnsucht nach Nähe. Und dann eine große Leere. Denn auch wenn ich von Hunderten von Menschen umgeben war, die mich anrempelten oder unbewusst antanzten, waren sie doch alle ganz weit weg von mir. Oder ich von ihnen. Wir tanzten auf unterschiedlichen Planeten.

8
Sack, Asche und Blaulicht

Ich saß auf den Treppen zum *103,* trank Kaffee und verstand die Welt nicht mehr. Seit der großen Leere im *WMF* schwirrte mir eine Frage durch den Kopf, auf die ich ums Verrecken keine Antwort fand: Warum liefen viele Ostberliner Frauen bloß so unsexy durch die Gegend? Zumindest tagsüber. Wenn sie nachts in die Clubs gingen, machten sie sich mit Glitzer, High Heels und körperbetonten Klamotten zurecht, als wollten sie den Papst umdrehen, aber wenn sie nachmittags über die Kastanienallee schlurften, schienen sie alles Weibliche zu vermeiden.

Wo ich hinsah, sah ich Ü-30-*MTV*-Gören mit Sonnenbrillen und Schlabberklamotten, abblätterndem Nagellack und zerzausten Haaren. Wenn eine Frau große Brüste hatte, schob sie die Schultern vor, als würde sie sich für sie schämen. Wenn eine lange Beine hatte, trug sie zerschlissene Jogginghosen und Ballerinas, als könnte sie damit ein paar Zentimeter wettmachen. Mich irritierte das Asexuelle an alledem kolossal. Lara war anders gewesen. Sie hatte ihre Weiblichkeit stolz und aufrecht zum Ausdruck gebracht, bei jedem Schritt. Auch wenn ich mir die Gedanken an sie nach Möglichkeit verkniff, konnte ich nicht anders, als die Frauen auf der Kastanienallee mit ihr zu vergleichen.

Ich wollte gerade anfangen, mich selbst dafür zu hassen, als Nadja auf ihrem Klapprad vorbeifuhr. Sie war meine Rettung, mein Lichtblick in einem Strudel aus Zweifeln.

Nadja war ein Partygirl, das ich aus dem *Rosenthaler* kannte. Auch sie war ein bisschen zerschlissen. Aber sie trug Leggings und freizügige Tops. Und sie hatte einen langen geflochtenen Zopf, der ihr bis zum Arsch reichte und fröhlich in ihrem Hohlkreuz tanzte.

»Was treibst du?«, fragte sie.

»Nichts!«, antwortete ich, und es stimmte.

Sie lachte, stieg vom Rad und setzte sich zu mir.

»Kannst du mir erklären, warum diese ganzen Frauen in den Clubs auf Glitzerqueens machen, aber jetzt in Sack und Asche rumrennen?«, kam ich direkt zum Punkt.

»Weil sie hierhergekommen sind, um nicht erwachsen werden zu müssen!«, kam es ohne das kleinste Zögern zurück.

Auch wenn ich mit dieser Antwort nicht gerechnet hatte, wusste ich sofort, was Nadja meinte. Ich war inzwischen lange genug hier, um mitbekommen zu haben, dass die Boheme zwischen den Welten ein Mitte-Phänomen war.

Im Prenzlauer Berg sprachen sie vom »Erwachsenen-Spielplatz«, wenn sie über den Stadtteil redeten, in den westlichen Bezirken sprachen sie von »Realitätsflüchtlingen« und meinten damit die Wessis, die nach Ostberlin zogen, um sich kreativ auszutoben. Mitte war ein Biotop, eine Insel, auf der die Regeln der geteilten Stadt nicht mehr und die Regeln der vereinten Stadt noch nicht galten. Es waren auch nicht nur die Frauen, die sich weigerten, erwachsen zu werden. Die Männer taten es genauso. Während ich in einer Welt aufgewachsen war, in der die Jungs gar nicht abwarten konnten, groß zu werden und mit Papas Auto auf dicken Max zu machen, war ich jetzt in einer Welt gelandet, in der die Männer auch mit über 30 noch in Turnschuhen und Jogginghosen rumliefen, als wären sie 13-jährige Schüler. Warum sollten es die Frauen anders machen?

»Und warum rennst *du* nicht in Sack und Asche rum?«, fragte ich Nadja.

Sie zuckte mit den Schultern und kicherte: »Vielleicht, weil ich viele kleinere Geschwister hatte und meine Eltern Arbeiter waren. Ich hatte keine andere Wahl, als früh erwachsen zu werden.«

Auch damit traf sie den Nagel auf den Kopf. Der Großteil der Mitte-Bewohner kam aus bürgerlichen Elternhäusern. Man war behütet und gebildet, man war abgesichert und wohlerzogen. Aber genau aus diesen Gründen hatte man keinen Bock auf Wohlerzogenheit und Bildungsbürgeretikette. Stattdessen stürzte man sich in die Ungewissheit des intellektuellen Chaos und trug dabei Schlabberpullis und Trainingshosen.

»Aber du willst auf Sex raus, wa?«, fragte Nadja plötzlich unverblümt.

»Wahrscheinlich«, gab ich zurück. Eigentlich wollte ich damit signalisieren, dass ich sofort mit ihr ins Bett gegangen wäre, aber sie hatte es anders gemeint.

»Glaub mir, die wollen nur von dir wachgeküsst werden«, kicherte Nadja. »Warst du schon mal im *Cookies?*«

Ich schüttelte den Kopf.

Für ein paar Sekunden sah sie mich prüfend von der Seite an, um schließlich hinzuzufügen: »Dann solltest du da vielleicht mal hin.«

»Kommst du mit?«

»Ich bin sowieso immer da!«

Mit diesen Worten strich sie mir zärtlich über den Kopf, sprang auf und schwang sich auf ihr Rad. Während sie mit tanzendem Zopf davonstrampelte, ließ ich ihre Worte sacken. Vom *Cookies* hatte ich natürlich gehört. Es war der In-Club schlechthin, bekannt für seine flamboyanten Gäste und seinen eigenwilligen Besitzer, der in manchen Zeitungsartikeln als deutsches Pendant zum legendären *Studio-54*-Gründer Steve Rubell gehandelt wurde. Auch über das ausschweifende Treiben auf den Unisex-Klos hatte Sebastian gelegentlich Andeutungen gemacht.

Dass wir noch nicht dort gewesen waren, hatte ich mir selbst zuzuschreiben. Dem *Cookies* eilte auch ein Ruf als Kokser-Höhle voraus, was mich weniger anmachte. Aber jetzt war ich natürlich neugierig. Gleichzeitig dachte ich über Nadjas Bemerkung mit dem Wachgeküsst-Werden nach. Ich begriff, was sie damit meinte. Sie sprach vom gleichen Prinzip, das ich mir auf der Schauspielschule zunutze gemacht hatte: dem Instrumentalisieren der eigenen Herkunft, um das andere Geschlecht zu beeindrucken. Im Kreise der Kinder Grotowskis hatte das bei mir wunderbar funktioniert, manchmal auch darüber hinaus. So war es zu der Sache mit dem Dreier gekommen.

Da wir in der Schauspielschulzeit alle notorisch pleite waren, versuchten wir zwischendurch, uns mit Werbedrehs etwas dazuzuverdienen. Ein Fanta-Spot, der an einem Sommerwochenende in Rothenburgsort gedreht werden sollte, versprach ein lukratives Projekt zu werden. Eigentlich suchten sie dafür professionelle Models. Meret, die Freundin meines Kumpels Mauricio, war Model. Sie schaffte es, Mauricio, mich und meinen zweiten Schauspielschulkumpel Artemio beim Casting einzuschleusen.

Meret selbst wurde sofort genommen. Kein Wunder, sie war die schönste Frau Hamburgs, schlank, blond, mit wallenden Haaren und einem Apfelarsch, der Heilige zu willigen Sündern gemacht hätte. Ich wunderte mich immer, warum sie ausgerechnet mit Mauricio zusammen war, der zwar gut aussah, aber nicht übermäßig interessant war. Das fanden offenbar auch die Werbespot-Caster, denn er bekam eine Absage. Danach rechneten auch wir anderen uns keine großen Chancen mehr aus. Doch gerade als wir anfingen, Alternativpläne fürs Wochenende zu schmieden, wurde erst Artemios und dann mein Name aufgerufen. Für den Rest des Tages grinsten wir unaufhörlich. Weil wir uns so über den Job freuten. Und weil wir uns im Kopf schon ausmalten, was wir mit der Gage anstellen würden. Vielleicht auch, weil wir Meret jetzt drei Tage für uns alleine hatten, ohne dass der eifersüchtige Mauricio jedes Gespräch mit ihr durch demonstrative Knutschereien unterbrach.

Gedreht wurde immer nachts am Elbdeich. Wir wurden gegen 20 Uhr an der Holstenstraße abgeholt und mit einem Bus zum Set gekarrt. Dann wurde bis drei Uhr nachts gearbeitet, und anschließend brachte uns der Bus wieder zurück in die Innenstadt. Unsere Kollegen waren aufgepumpte Modeltypen, die zwar gut aussahen, aber von nichts anderem sprachen als von den Labels, für die sie schon Shootings gemacht hatten. Die meisten Marken, von denen sie erzählten, kannten Artemio und ich nicht einmal. Als wir irgendwann anfingen, uns absurde Firmen auszudenken, für die wir angeblich gearbeitet hatten, waren wir bei den Schönlingen unten durch. Machte aber nichts. So konnten wir uns umso mehr darauf konzentrieren, zwischen den Klappen Meret bei Laune zu halten.

Artemio machte Kunststücke, ich führte Martial Arts vor, und wenn wir ausnahmsweise nicht durch die Gegend sprangen wie die Flummis, redeten wir irgendwelchen Müll, mit dem wir Meret zum Lachen brachten. Ich liebte es, sie lachen zu sehen. Dann warf sie den Kopf in den Nacken und zeigte ihren langen schmalen Hals, ihre zierlichen Schultern hüpften zuckend auf und ab, und ihre makellosen Zähne leuchteten im Dunkeln, als würden sie das Licht der Sterne absorbieren. Sie genoss es sichtlich, von uns umgarnt zu werden. Und sie wurde von Lachen zu Lachen vertraulicher, bis ihr irgendwann das Geständnis über die hübschen Lippen schlüpfte: »Ich will unbedingt mal Sex zu dritt haben.«

In meinem Kopf schrillten sofort sämtliche Alarmglocken. Warum erzählte sie mir das? Was wollte sie mir damit sagen? Und was zum Teufel sollte ich darauf erwidern? Am Ende antwortete ich, so unbeteiligt es mir angesichts meiner Aufregung möglich war: »Mach doch!«

Sie: »Aber mit wem?«

Noch mehr Alarmglocken. Die Frage war eine Rampe ins Paradies. Sie war die Einforderung des Losungswortes. Oh Gott, jetzt durfte ich es nicht verkacken! Eine falsche Antwort konnte jede Vertraulichkeit zunichtemachen, die richtige hingegen würde die Engel zum Singen bringen. Ich sah mich in der Runde um, zeigte auf Artemio und meinte: »Wie wär's denn mit ihm?«

Während Meret Artemio mit ihren leuchtenden Augen musterte, schwieg ich für ein paar Augenblicke – um dann hinzuzufügen: »Mit ihm und mit meiner Wenigkeit!« Der schmale Hals drehte sich in meine Richtung, und die Augen funkelten mich an. Dann entließen die hübschen Lippen das kleine Wort »Okay« in die Nacht. Das war's. Wir hatten einen Deal. Es war der Wahnsinn. Wir waren umzingelt von einer Mannschaft großer, athletischer Modelmänner, aber die schönste Frau Hamburgs hatte sich gerade dafür entschieden, nicht mit ihnen, sondern mit Artemio und mir eine Ménage à trois zu starten. Das war zu geil, um wahr zu sein. Und es war auf jeden Fall zu geil, um Skrupel zu entwickeln, weil wir damit Mauricio hintergingen.

Ich fühlte mich ganz high, als ich mit federnden Schritten zu Artemio tänzelte und checkermäßig zu ihm sagte: »Weißt du was? Meret will einen Dreier mit uns machen. Bist du dabei?« Ihm fielen fast die Augen aus dem Kopf. Er stammelte irgendwas von »Muss ich mal kurz drüber nachdenken.« Eine reine Übersprungshandlung. Es dauerte keine zwei Sekunden, bis er hinterherschob: »Echt jetzt? Wie geil ist das denn?«

Als wir morgens um halb vier mit dem Bus zurück nach Hamburg reinfuhren, knutschten Meret, Artemio und ich auf der letzten Bank so hemmungslos, als hinge unser Leben davon ab. Es war ja auch ein bisschen so. Ein Leben ohne einen Dreier mit Meret kam mir auf einmal nicht mehr lebenswert vor. Also knutschten wir so gierig, dass selbst den Modeltypen um uns herum die Angeberei verging und sie nur noch sauertöpfisch aus dem Fenster starrten.

An der Holstenstraße wurden wir abgesetzt. Wir stiegen um in meinen alten Käfer. Ein schickes Teil, Baujahr 67. Als hätte ich geahnt, dass etwas Außergewöhnliches passieren würde, hatte ich ihn vor Kurzem neu lackieren lassen. Wir beschlossen, zu Artemio nach Eimsbüttel zu fahren, weil seine Mitbewohner dieses Wochenende nicht zu Hause waren. Es war nicht weit. Trotzdem fand ich es unerträglich, am Steuer sitzen zu müssen, während Artemio und Meret auf der Rückbank weiterknutschten. Mit jeder Sekunde fürchtete ich, meinen Sympathievorsprung bei Meret an Artemio zu verlieren. Und mit jedem Meter fiel es mir schwerer, nicht andauernd wie ein eifersüchtiger Idiot in den Rückspiegel zu schauen. Also tat ich es doch – und sah dabei, dass sich hinter uns ein Streifenwagen mit Blaulicht näherte.

Mein erster Gedanke war: »Scheiße, bist du zu schnell gefahren?« War ich aber nicht. Mein zweiter Gedanke war: »Verdammt, dein Rücklicht ist kaputt.« Aber deswegen würde es ja wohl kein Riesendrama geben. Weil ich im nächsten Moment rausgewinkt wurde, wurde Gedanke

Nummer drei abgewürgt. Er kam erst wieder hoch, als ein Polizist mir mit der Taschenlampe ins Gesicht leuchtete und brummte: »Ihr Rücklicht ist kaputt! Kann ich mal Ihren Führerschein sehen?«

Man muss kein Hellseher sein, um den dritten Gedanken zu erraten. Er lautete: »Scheiße, ich hab keinen Führerschein!« Den hatten sie mir nämlich vor einem halben Jahr abgenommen. Und noch schlimmer: Es war nicht das erste Mal, dass ich seitdem von der Polizei angehalten worden war. Es sah echt schlecht für mich aus. Nachdem der Polizist meine Papiere geprüft hatte, hieß es: »Na, Herr Ruge, dann kommen Sie mal mit. Es liegt ein Haftbefehl gegen Sie vor wegen wiederholten Autofahrens ohne Fahrerlaubnis.«

Das durfte nicht wahr sein. Ich hatte gerade einen Sechser im Lotto gelandet. Ich war drauf und dran, mit der schönsten Frau Hamburgs den ersten Dreier meines Lebens zu haben, und diese Vollidioten wollten mich mit auf die Wache nehmen? Keine Chance!

»Ich kann jetzt nicht mitkommen.«

»Sie müssen.«

»Ich hab was Wichtiges vor.«

»Das haben wir alle.«

Ich weiß nicht, wie lange der schwachsinnige Ping-Pong-Dialog mit dem Polizisten dauerte. Ich weiß nur noch, dass ich irgendwann kurz davor war, ihm die Geschichte unserer Ménage à trois zu erzählen. Hätte unter diesen Umständen nicht sogar ein stoffeliger Streifenpolizist Gnade vor Recht ergehen lassen? Ich erfuhr es nicht.

Stattdessen wurde ich aus dem Auto gezerrt und in Handschellen auf die Wache transportiert. Den Rest der Nacht verbrachte ich in einer Großraumzelle, während Artemio und Meret in Eimsbüttel ohne mich die Federn fliegen ließen. Okay, zwischendurch müssen sie auch ein wenig rumtelefoniert haben, unter anderem mit Fatih Akin, mit dem Artemio befreundet war. Jedenfalls standen irgendwann am Abend Meret, Artemio und Fatih Akin auf der Wache und kauften mich gegen 2000 Mark Kaution frei. Gerade noch rechtzeitig, damit wir pünktlich zurück zum Fanta-Dreh kamen, wo sich die Geschichte wie ein Lauffeuer rumsprach und wir von nun an vollends wie Abschaum angeschaut wurden.

Aber noch schlimmer war: Von der Ménage à trois war auf einmal keine Rede mehr. Stattdessen ging es nur noch um die Großzügigkeit von Fatih Akin. Zugegeben: Verdientermaßen. Das war ein feiner Zug, den ich ihm bis heute hoch anrechne. Vielleicht war das sogar der Moment, in dem ich entschied, dass ich zum Film wollte und nicht zum Theater. Hätte ja sein können, dass alle Filmregisseure so nett sind wie Fatih – eine Hoffnung, die sich leider nicht bestätigen sollte. Dafür wurde der Vorfall in leicht abgewandelter Form zu einer Szene in einem seiner Filme.

All das schoss mir durch den Kopf, als ich Nadja und ihrem tanzenden Zopf auf der Kastanienallee hinterherblickte. Ich muss zugeben, dass ich ihrer Wachküss-Theorie misstraute. Von einer anderen Sache war ich dagegen unumstößlich überzeugt: Ich musste ins *Cookies*.

9
Eins, zwei, drei, vier, fünf

Sebastian war begeistert, als ich ihm erzählte, dass ich ins *Cookies* wollte: »Alter, das wird dir gefallen. Ich schwör's dir, da laufen die schönsten Frauen des Universums rum, Michel. Die Leute kommen aus aller Welt nach Berlin, um da zu feiern. Und wenn wir Glück haben, macht Lorenzo wieder eine seiner legendären Rosenpartys auf dem Klo.«

Mehr wollte ich gar nicht hören. Ich war auch ohne Details gespannt genug. Da der Club nur Dienstag und Donnerstag aufhatte, planten wir meine *Cookies*-Taufe für Donnerstag. Wenn alles glattging, konnten wir dann gleich auf meinen neuen Job anstoßen. Denn an diesem Tag wollte ich mich als Barmann im *Prater* bewerben.

Der *Prater* war der älteste Biergarten Berlins. Nach der Wende war er ein paar Jahre verrammelt gewesen, aber vor Kurzem hatte er neu eröffnet. Er war ein schöner, lebendiger Ort, wo Mitte-Szene und Ur-Berliner gleichermaßen die Humpen hoben und der alte Ost-Charme noch deutlich spürbar war. Der *Prater* lag in dem Teil der Kastanienallee, der nicht mehr zu Mitte, sondern zum Prenzlauer Berg gehörte. Trotzdem war er nur einen Katzensprung vom *103* entfernt. Für mich die perfekte Lage.

Der eigentliche Grund, warum ich dort anheuern wollte, war allerdings ein anderer: Neben Biergarten und Kneipe gehörte zu dem Betrieb auch ein Theater, das die Volksbühne als Spielstätte nutzte. Wenn mich schon nicht die Filmproduzenten von der Straße an ihre Sets zerrten, vielleicht konnte ja dann ich Frank Castorf über die *Prater*-Bar ziehen und ihn davon überzeugen, mich zu engagieren. Nicht, dass ich seine pseudo-avantgardistischen Inszenierungen besonders erstrebenswert gefunden hätte. Aber während Angela Richter mein Rumschreien, Alkohol-Verspritzen und Schwanz-Rausholen nicht zu schätzen gewusst hatte, hätte es zum fließbandmäßigen Neurosen-Rausgekotze an der Volksbühne perfekt gepasst. Und von dort aus hatten immerhin schon ein paar Leute den Sprung auf die Leinwand geschafft. Einen Versuch war es wert. Außerdem brauchte ich Abwechslung. Der Job im *Rosenthaler* wurde allmählich langweilig.

Am Donnerstagmorgen klopfte ich topmotiviert am Hintereingang der Praterkneipe. Noch war der Biergarten geschlossen. Ohne Menschen und Stimmengewirr strahlte der Hof, auf dessen Holzbänken sich das erste gelbe Herbstlaub sammelte, einen großen Frieden aus. In den Baumwipfeln rauschte der Wind, Sonnenflecken tanzten über das Gelände.

Ich war in Eroberungsstimmung. Jetzt den *Prater,* heute Abend das *Cookies*. Das war das Pensum für diesen Tag. Ich war fest entschlossen, es mit Leichtigkeit zu stemmen. Die Tür öffnete sich, und vor mir stand der Chef persönlich. Ein großer Typ mit Glatze und Brille, der mich wortlos von oben bis unten musterte. Ich interpretierte seine übellaunige Miene als übliche Masche, mit der sich die Berliner hinter anfänglicher Skepsis verschanzten. Danach waren sie meist umso zugänglicher. Also schob ich lässig meinen Kaugummi von einer Backe in die andere und holte Luft, um meinen »Jung, gut aussehend, Job suchend«-Monolog abzulassen. Weiter kam ich nicht.

»Zuallererst nimmst du mal den Kaugummi raus«, herrschte mich der Glatzkopf an. Er hatte dabei einen Ton am Leib, der meine Stimmung auf einen Schlag von topmotiviert in total wütend umschlagen ließ. Es lag etwas Hochmütiges, Verächtliches darin. Der Satz war eine Ohrfeige, die mich zum Sklaven degradierte. So redete man nicht mit mir. So redete man mit niemandem.

Unter anderen Umständen hätte ich aggressiv reagiert, doch ich beherrschte mich und besann mich auf meinen Vorsatz. Gewaltloser Anarchismus. Ich ballte die Fäuste, senkte den Blick und starrte auf den Boden. In Gedanken zählte ich lautlos bis fünf: *eins, zwei, drei, vier, fünf.* Das war die Zügelungsstrategie, die ich für Momente wie diesen in petto hatte. Sie half dabei, unüberlegte Ausbrüche zu verhindern. Mehr allerdings auch nicht. Die Aggression blieb. Als wäre es eine fremde Stimme, hörte ich mich sagen: »Ich glaub, ich geh besser.« Dann drehte ich mich zur Seite wie ein Roboter und schlich mit mühsam beherrschten Schritten zurück auf die Kastanienallee – und rannte los, um dem schwelenden Adrenalin in meinem Körper die Möglichkeit zu geben, sich zu entladen. Und um mich selbst aus dem Bannkreis der Verunsicherung zu retten, deren Sog mich zurücktrieb, damit ich dem selbstgefälligen Arschloch doch noch eine reinhaute.

Ich wollte das nicht. Ich wollte Berlin mit friedlichen Mitteln erobern, statt mich durchzuprügeln. Und ich wollte nicht zulassen, dass mich meine eigene Verunsicherung zum Schläger machte. Das hatte sie in der Vergangenheit viel zu oft getan. Jedoch: Ich hatte nicht mit Sebastian gerechnet. Am *103* rannte ich direkt in ihn hinein. Eine volle Tasse krachte auf den holperigen Gehweg. Porzellan klirrte, Kaffee platschte, dann schepperte das Blechtablett hinterher, auf dem sie gestanden hatte.

»Was ist denn mit dir los?«, fragte Sebastian. »Du guckst ja, als wärst du dem Teufel begegnet.«

In gewisser Weise war ich das wohl. Atemlos erzählte ich, was passiert war. Weniger um Sebastians Rat zu hören, als um ein Ventil zu haben. Er sagte trotzdem seine Meinung, und die lautete schlicht: »Krass, geht gar nicht. Los, komm, dem Assi hauen wir eine rein.«

Meine Wut war noch zu frisch, als dass ich hätte protestieren können, und der Bannkreis der Rachsucht zu nah, als dass die Vernunft gesiegt hätte. Die Scherben blieben liegen, das Tablett auch, und wir tobten los. Wir stürmten den Pratergarten wie Kampfstiere die Arena. Es war ein bühnenreifer Auftritt. Während ich mit stählerner Faust gegen die Hintertür klopfte und brüllte: »Los, komm raus, ich will mit dir reden«, zogen die Staubwolken, die unsere Schritte aufgewirbelt hatten, wie Theaternebel über den Hof. Drinnen hörte ich Stimmen. Oder war das nur das Rauschen in meinen Ohren? Sebastian und ich postierten uns in einem gewissen Abstand von der Tür, für den Fall, dass der Typ Verstärkung geholt hatte.

Tatsächlich ging der verdammte Feigling diesmal nicht selbst an die Tür, sondern schickte zwei Schergen vor. Ganz offensichtlich seine Rausschmeißer, groß, dumpf, aufgepumpt.

Das Erste, was mir durch den Kopf schoss, war: *Scheiße, den Kampf verlieren wir!* Das Zweite: *Aber wir machen ihn trotzdem!* Ich wusste, dass ich mich auf Sebastian verlassen konnte. Er tickte viel krasser als ich. Wenn es hart auf hart kam, rannte er eher auf die Gefahr zu, als den Schwanz einzuziehen.

»Ich will mit eurem Chef reden«, schleuderte ich den beiden Rausschmeißern entgegen, während ich hinter ihnen einen Schatten vorbeihuschen sah.

Dann erklang die Stimme des Glatzkopfes: »Warte mal zwei Minuten.«

Es lag auf der Hand: Der Mann kannte seine Pappenheimer. Er wusste genau, dass er kurz vor einer Klatsche stand. Deshalb hatte er seine beiden Kampfhunde vorgeschickt. Die Frage war nur, warum er sich Zeit ausbat. Um die Polizei zu holen? Wieder schoss eine Ladung Adrenalin durch meine Adern. Gleichzeitig erinnerte ich mich an meinen Vorsatz der gewaltlosen Eroberung. Deshalb schickte ich ein letztes Friedensangebot zwischen den beiden Schränken hindurch.

»Ich will nur, dass du dich für dein verächtliches Verhalten entschuldigst«, rief ich in die Richtung, wo eben noch der Schatten langgehuscht war.

Für ein paar Sekunden blieb alles still. Dann kam der Glatzkopf von hinten und schob die beiden Schläger zur Seite. Nur so weit, dass sie ihn immer noch decken konnten, aber immerhin. Offenbar war er doch kein kompletter Feigling. Er sah mir durch seine Brillengläser direkt in die Augen. Ich brachte mich in Angriffsposition. Sebastian tat neben mir das Gleiche. Wir waren bereit. Die Wolkenjäger aus dem Mauerpark.

»Okay«, sagte der Glatzkopf, diesmal ohne jegliche Verachtung in der Stimme. »Tut mir leid.«

Ich war völlig verdattert.

»*Was* tut dir leid?«, blaffte ich zurück und klang dabei gerade noch so scharf, dass man mir meine Verwirrung nicht anmerkte.

»Mein Verhalten«, antwortete er.

Der Staub über dem Pratergarten senkte sich. Auch die Sonnenflecken fingen wieder an zu tanzen. Der Frieden kehrte zurück. Wir gaben uns die Hände, und die Sache war erledigt. Er war noch mal um eine Prügelei herumgekommen. Ich auch. Arbeiten wollte ich im *Prater* danach trotzdem nicht mehr, das verbot mir mein Stolz.

Als wir zurück im *103* waren, sagte ich zu Sebastian: »Und für die lasche Nummer hat er den Aufriss mit den Türstehern gemacht? Die Berliner haben echt keine Eier.«

»Aber du hast welche«, lachte er. »Hast dich gut gehalten. Ich hätte gedacht, dass du ihm beim Händeschütteln doch noch den Arm auskugelst.«

»Ich bin in friedlicher, nicht in tödlicher Mission hier«, grinste ich zurück.

So machomäßig dieser Dialog in fremden Ohren klingen muss, es war gut, dass er stattfand. Er war eine Mahnung, die mir zu einem späteren Zeitpunkt des Tages half. Als wir gegen Mitternacht gemeinsam mit Nadja vorm *Cookies* aufliefen, erwartete uns eine lange Schlange. Ich war an dieser Schlange zuvor oft vorbeigelaufen, denn der Club lag direkt um die Ecke von Daniel Richters Atelier. Meist hatte ich nur den Kopf geschüttelt über den devoten Herdentrieb, der Leute dazu trieb, in Reih und Glied auszuharren, nur um sich danach kollektiv wegzuschießen. Allerdings hatte ich mir die Leute dabei nie so richtig angeschaut. Das tat ich erst jetzt.

Sofort begriff ich, warum Modescouts aus aller Welt hierherkamen, um den Style der Gäste zu studieren. Während bei den Männern eine Mischung aus bunten Vögeln und lässigen Selbstdarstellern vorherrschte, waren die Frauen vor allem eins: wunderschön. Aufrechte Versionen der Ü-30-Gören trafen auf Models, die sich mit Second-Hand-Klamotten, Kiss-Make-up und Turmfrisuren zu Königinnen der Nacht auftoupiert hatten. Die natürliche Extravaganz, die ich an Nadja so bewunderte, war hier Standard. Die Leute strahlten.

Während wir in der Schlange dicht an dicht standen und

sich unsere vor Vorfreude vibrierenden Körper unweigerlich aneinander rieben, wuchsen wir im Zeitraffertempo zur Gemeinschaft zusammen. Ich führte Gespräche, schäkerte, machte Bekanntschaften, und ehe ich michs versah, hatte der Flirt mit der Masse mich von Nadja und Sebastian abgetrieben.

Während die beiden bereits am Eingang waren, war ich noch weit hinter ihnen. Sie winkten mir zu, und wir vereinbarten in Zeichensprache, dass wir uns drinnen wiedertreffen würden. Dann gingen das Flirten und das Kichern und die vorfreudige Reibung weiter. Bis sie ein paar Minuten später abrupt endeten. Weil der Türsteher mich abwies. Während er die Frau, mit der ich mich eben noch unterhalten hatte, durchwinkte, schob er mich einfach zur Seite. Ich protestierte natürlich: »Was soll der Scheiß, wir sind zusammen hier!«

Für einen kurzen Augenblick trafen sich der Blick des Türstehers und meiner. Der Typ sah gut aus. Groß, dünn, wie ein Model. Er hatte schwarze Haare und stechende, grüne Augen, die ich vielleicht sogar interessant gefunden hätte, wenn sie nicht so arrogant auf mich herabgeblickt hätten.

»Was soll der Scheiß?«, wiederholte ich. »Meine Freundin lässt du rein und mich nicht? Was'n das für 'ne asoziale Türpolitik?«

Er zuckte mit den Schultern und wandte sich wieder der Schlange zu. Zum zweiten Mal an diesem Tag pumpte ein Adrenalinschub durch meinen Körper, der mich vor Wut zittern ließ. Und zum zweiten Mal an diesem Tag kämpfte ich ihn nieder, glotzte auf den Boden und zählte bis fünf. *Ich bin in friedlicher, nicht in tödlicher Mission hier*, ging es mir durch den Kopf.

Eigentlich wusste ich ja auch, dass es keinen Zweck hatte, dem Typen eine Ansage zu machen. Er hätte nur Verstärkung geholt, und am Ende wäre ich es gewesen, der alt ausgesehen hätte. Ich wusste auch, dass es keinen Zweck hatte, mit Türstehern zu diskutieren. Das hatte ich schon als kleiner Bursche auf St. Pauli gelernt. Gleichzeitig sagte ich mir, dass man sich im Leben immer zweimal begegnet. Irgendwann würde ich meine Revanche bekommen. Ich sollte recht behalten.

10

Walkürenritt

Ich lag auf dem Bett in meiner Wohnung und hörte den »Walkürenritt« in Endlosschleife. Das passte zu meiner Stimmung. Vor meinem inneren Auge spielte sich die berühmte Szene aus »Apocalypse Now« ab, in der die Amerikaner zu Wagners Musik ihren Hubschrauberangriff fliegen. Nur dass es in meiner Vorstellung keine vietnamesischen Bambushütten waren, die in Schutt und Asche gebombt wurden, sondern der *Prater* und das *Cookies* und die Schule in der Oelkersallee. Das war mein gedanklicher Rachefeldzug gegen die Institutionen, die mir das Gefühl gaben, ein Nichts zu sein.

Mir war klar, dass das einen Widerspruch zu meiner Friedensmission vom Vortag darstellte. Aber ich war inzwischen nicht mehr sicher, ob sie richtig gewesen war. Wer mir den Krieg erklärte, sollte einen haben. Und wer mich dazu zwang, mich selbst zu beherrschen, durfte sich nicht wundern, wenn sich meine mühsam unterdrückte Wut irgendwann gegen ihn richtete. Das war die gleiche schizophrene Logik, die Filme wie »Apocalypse Now« hatten. Sie wurden als Antikriegsfilme verkauft, machten einen in Wahrheit aber geil darauf, durch den Dschungel zu kriechen und den Helden zu spielen. Eigentlich waren es Kriegsfilme. Auch wenn sich die Gewalt zum Schluss gegen die Helden richtete. Das tat sie auch bei mir, denn irgendwann steuerte mein Gedankenhubschrauber unaufhaltsam auf Laras ehemalige Wohnung in der Zehdenicker

Straße zu. Das war mir dann doch zu hart. Ich stoppte die Musik.

Die Stille danach war verstörend. Schweißgebadet lag ich da, hatte ein taubes Gefühl, mir war schwindelig. Es war ein freier Fall von den Gewaltfantasien der reitenden Walküren in die gähnende Leere der Gegenwart. Wenn ich aus dem Fenster sah, jagten über mir die Wolken durch den Himmel. Sie waren grau. Wie Berlin. Wie mein Gemüt. Weil ich mich so verloren fühlte, schrie ich. Ich schrie einfach in die leere Wohnung hinein. Einmal, zweimal ... Da klingelte das Telefon. Ich wollte zuerst nicht rangehen, aber als die Nummer meiner Agentin auf dem Display aufblinkte, tat ich es doch. Sie rief selten an, viel zu selten. Aber wenn sie es tat, hatte sie in der Regel spannende Neuigkeiten.

»Ja, hallo?«

»Hallo? Michel?«

»Ja, bin dran.«

»Bist du heiser?«

»Nein, nein, geht schon.«

»Na, dann ist ja gut.« Bei diesen Worten hellte sich ihre Piepsstimme deutlich auf. »Mann, Michel, ich hab da ein Superding für dich an Land gezogen. Wird dir gefallen. Eine Rolle wie für dich geschrieben. Einen Kleingangster sollst du spielen. In einem Kinofilm, der so was wie ›Die Üblichen Verdächtigen‹ auf Deutsch werden könnte. Aber das Beste kommt erst noch. Der Regisseur ist kein Geringerer als Hauptkommissar Kain himself.«

»Hauptkommissar?«

»Ich sage nur Tatort Dresden! Ermittlerduo Ehrlicher! Der Mann ohne Vornamen! Du triffst Bernd Michael Lade himself.«

Die letzten Worte schrie sie fast, so aufgeregt war sie. Ich war auch aufgeregt. Aber den Namen hatte ich noch nie gehört. Ich hatte keinen Fernseher, und ich interessierte mich nicht für andere Schauspieler: »Bernd wen?«

»Ich merk schon, ich muss dir seine Biografie schicken. Der Text, den du lernen musst, ist auch schon in der Post. Das Casting ist nächsten Mittwoch. Mann, Michel, das wird der Durchbruch!«

So ging das noch eine ganze Weile weiter. Sie redete ohne Punkt und Komma. Über die Rolle, über das Casting, über meine »Performance«. Als ich endlich auflegte, schwirrte mir der Kopf vor Superlativen und guten Ratschlägen. Ich war total erledigt. Dafür war das taube Gefühl weg, und vor dem Fenster war die Wolkendecke aufgerissen. Sie gab ein großes Stück blauen Himmels frei. Es gab also doch noch einen Gott.

Eine Woche später ging ich zum Casting. Weit hatte ich es nicht, es fand in der Dunckerstraße im Prenzlauer Berg statt. In einer Erdgeschosswohnung, die man über einen Hinterhof erreichte. Anfangs irritierte mich, dass ich der Einzige war, der zum Vorsprechen gekommen war. Es gab keine Casterinnen und keine Mitbewerber. Nur mich und Bernd Michael Lade – der an derselben Adresse auch noch lebte.

Die Wohnung im ersten Stock nutzte er zum Wohnen, das Erdgeschoss als Büro und Probebühne. Alles in dem riesigen Raum wirkte provisorisch. Die Mauern waren halb tapeziert, halb offener Beton. In der Mitte stand ein wackeliger Tisch, der unter einem Wust von Notizzetteln und Manuskripten begraben war. An der Wand standen vereinzelte Regale mit Ablagefächern und Ordnern.

Wir setzten uns zunächst hin und redeten. Über das Projekt: einen Film namens »Null Uhr Zwölf«, in dem fünf Leute von der Polizei verhört wurden, weil man sie verdächtigte, einen Geldtransporter überfallen und 30 Millionen Mark erbeutet zu haben. Die Figur, die ich spielen sollte, hieß Frank. Frank war ein cholerischer Heißsporn und Zocker, der seine Aggressionen nicht im Griff hatte und deshalb ständig ausrastete. Das Drehbuch war mir zur Vorbereitung zugeschickt worden. Vieles darin fand ich klischeehaft, trotzdem musste ich zugeben, dass meine Agentin recht hatte: Die Rolle passte zu mir. Ich hatte Bock auf Frank.

Auch die Chemie mit Bernd stimmte von Anfang an. Er war keiner dieser Filmschnösel, die nichts als Business und ihre eigenen Eitelkeiten im Kopf hatten. In der DDR war er Bauarbeiter und Punk gewesen, hatte dann Schauspiel studiert und war nach der Wende durch eine Rolle in Detlev Bucks »Karniggels« bekannt geworden. Schließlich hatte ihn die Rolle als erster ostdeutscher »Tatort«-Kommissar neben Peter Sodann landesweit berühmt gemacht. Das alles wusste ich inzwischen dank eines weiteren langen Telefonats mit meiner Agentin.

Auch auf meine Rolle war ich bestens vorbereitet. Beim Proben hatte ich mich regelrecht versenkt in Franks Psyche. Ich hatte seine innere Unruhe zu meiner eigenen gemacht. Ich hatte die Leere, die er nach der Trennung von seiner Freundin in sich trug, mit meinem Schmerz über den Verlust von Lara verschränkt. Ich hatte mich also ein Stück weit in Frank verwandelt, war bereit, ihn von meinem Körper und meinem Geist Besitz ergreifen zu lassen.

Aber erst einmal musste ich die Rolle ja bekommen und vorsprechen. Bernd ermutigte mich, den Text aus dem Drehbuch nicht sklavisch wiederzugeben, sondern mit ihm zu arbeiten. Ich sollte improvisieren, den Charakter von Frank verkörpern, statt nur seine Zeilen aufzusagen. Auch darin waren wir auf einer Wellenlänge, denn das war genau der Umgang mit Rollen, den ich auf der Schauspielschule gelernt hatte. Bernd wollte, dass ich eine Szene spiele, in der Frank einen cholerischen Anfall hatte. Meine aufgestaute Wut vom »Walkürenritt« im Hinterkopf, fragte ich ihn vorsichtshalber: »Soll ich wirklich richtig ausrasten?«

Bernds Antwort war eindeutig: »Klar, mach ruhig!«

Er bekam seinen Willen. Und wie. Ich ließ mich komplett fallen. Tatsächlich änderte ich kein einziges Wort der Sätze, die im Buch standen. Aber ich sprach sie nicht. Ich tobte sie. Vom Ausgangspunkt des Monologs in der Mitte des Raums weitete sich Franks Wutanfall Wort für Wort auf das ganze Zimmer aus. Ich schrie, schnaubte und raste, bis der Regisseur nur noch mit offenem Mund dasaß. Dann schleuderte ich ihm die Notizzettel ins Gesicht. Frank kippte den Tisch um, der krachend zu Boden fiel. Er sprang gegen die Wände und schlug sich den Kopf an. Er griff in die Regale und schmiss die Ordner durch die Gegend. Am Ende lag er bebend, mit zusammengekrampften Augen am Boden und schwor, dass ihn niemand brechen würde. Niemand. Nur der Tod.

Jeder kennt das Gefühl, nach einer Sauftour aufzuwachen und mit Entsetzen festzustellen, was man in der Nacht für einen Scheiß angestellt hat. Genau dieses Gefühl hatte ich, als ich nach meiner Raserei die Augen öffnete. Was zum Teufel hatte mich in den letzten Minuten geritten? Oder waren es Stunden gewesen? Vor meinen Augen lag die vollendete Zerstörung. Der Raum glich einem Schlachtfeld. Er war übersät von Zetteln, beim Tisch war ein Bein abgebrochen, ein Regal hatte ich umgeworfen, ohne es bemerkt zu haben. Ein plötzliches Gefühl von Panik stieg in mir auf. Ich bekam Angst vor meiner eigenen Wut. Und vor Bernds Reaktion. Als es plötzlich laut knallte – und dann wieder und wieder –, zuckte ich zusammen wie ein gejagtes Tier. Aber das waren keine Schüsse, die auf ein tollwütiges Monster abgefeuert wurden. Das war Bernds Applaus. Als ich aufblickte, stand er neben dem umgekippten Tisch und klatschte.

Ich war zu erschöpft, um etwas zu sagen. Aber ich musste auch nicht reden. Es reichte, dass Bernd es tat. Mit einem einzigen Satz fügte er meine zertrümmerte Seele wieder zusammen: »Das war das beste Casting, das ich je erlebt hab.« Mein Walkürenritt endete in einem Triumph.

11
Gifttropfen

Nach dem furiosen Casting passierte erst mal nichts. Und andererseits sehr viel. Während für Bernd und mich klar war, dass ich die Rolle des Frank in der Tasche hatte, meldeten im Hintergrund alle möglichen Produzenten und Caster ihr Mitspracherecht an. Sie wollten sich erst festlegen, wenn der Rest der Besetzung feststand. Man engagierte nicht einfach einen Newcomer, wenn man vielleicht noch die Chance hatte, einen Lover, Freund oder gar einen Star unter Vertrag zu nehmen. Für Bernd bedeutete das, viele nervige Gespräche zu führen, für mich Abwarten. Ich hätte ungeduldig werden können. Aber dafür hatte ich keine Zeit. Denn mit dem Walkürenritt schloss sich noch eine weitere Lücke in der Baustelle meiner unfertigen Berliner Existenz.

Denn beim Gespräch nach dem Casting entdeckten Bernd und ich eine Gemeinsamkeit: Auch er machte Kampfsport und hatte im Raum neben der Probebühne sogar ein kleines Aikido-Studio. Er bot mir an, in der Dunckerstraße meine Escrima-Schule zu eröffnen. Ich zögerte keine Sekunde. Die Wohnung war perfekt. Sie war groß, sie stand praktisch leer, und sie war so ungeleckt, dass man keine Angst haben musste, auch mal was kaputt zu hauen. Am liebsten hätte ich sofort losgelegt, mit Bernd als erstem Schüler. Doch er lehnte ab. Aikido war eine defensive Kampfkunst, Escrima war offensiv. Er wollte nicht die Seiten wechseln. Dafür vermittelte er mir Schnalle.

Schnalle war einer seiner Kumpels aus dem Osten. Ein

exzellenter Fighter – 1,78 groß, G.-I.-Haarschnitt, sehr muskulös, gepierct, volltätowiert. Die Ossis waren generell viel öfter tätowiert als Leute aus dem Westen. Beim Untergang der DDR hatten sie miterlebt, wie eine scheinbar unverrückbare Struktur von einem Tag auf den anderen ungültig geworden war. Jetzt sehnten sie sich nach etwas Beständigem. Tattoos hatten Bestand.

Weil Schnalle einen Narren an mir gefressen hatte, wollte er mich ständig überreden, mit ihm zum Tätowierer zu gehen. Ging aber nicht. Als Schauspieler verkniff man sich Tattoos, um optisch nicht zu stark in eine Richtung zu tendieren. Ich fand das bescheuert, aber auch einleuchtend, und jetzt, wo ich gerade einen Fuß in die Tür der Branche geschoben hatte, wollte ich nicht gleich gegen ihre Gesetze verstoßen. Also versuchte Schnalle, mich für seine zweite Leidenschaft zu begeistern: die Türsteherei. Er selbst arbeitete im *E-Werk*, dem Technoschuppen schlechthin. Eine Industrieruine, in der bei tagelangen Raves Zehntausende von Technojüngern zusammenkamen, die tanzten und Pillen schmissen, als gäbe es kein Morgen.

Ich besuchte Schnalle gelegentlich bei der Arbeit. Es war jedes Mal ein Inferno. Man stapfte durchs Niemandsland hinterm Potsdamer Platz an schwarzen Gründerzeitruinen und tristen Plattenbauten entlang, bog dann nach rechts in die Wilhelmstraße ab und spürte auf einmal ein leichtes Vibrieren unter den Füßen. Ich dachte anfangs, es sei nur meine Erwartungshaltung, die mir das Zittern des Bodens vorgaukelte, aber das stimmte nicht: Man spürte die Beats des gigantischen Tanztempels tatsächlich weit im Voraus. Je weiter man sich den Weg durch das brachliegende Gelände bahnte, desto stärker wurden sie. Und dann stand man auf einmal drin in dem kleinen Hof mit dem altertümlich anmutenden Fachwerkrundbau, um den sich Mädchen mit

Hotpants und Plateaustiefeln und Jungs mit überweiten Cargohosen und zu engen Tanktops drängelten.

Bis vor dem Zweiten Weltkrieg war das Gebäude ein Kraftwerk gewesen, zu DDR-Zeiten war es als Kriegsruine verwahrlost, nach dem Mauerfall hatte die Technoszene die riesigen Räume mit den hohen Decken für sich entdeckt. Seitdem tobte hier das Leben. Am Eingang stand Schnalle, der die guten Cargohosen reinließ und die schlechten aussortierte. Er schlug auch mal zu, wenn es nicht nötig war. Die, die es traf, störte das in der Regel aber gar nicht mehr. Das MDMA und die ganzen anderen Pillen machten die Leute so relaxt, dass sie wie Wachs waren. Hinzu kam, dass die monotone elektronische Musik ihre Gefühle erst hochhypte und dann platt walzte. Das war ja irgendwie der Sinn der Technoveranstaltungen: Die Sinuskurve des eigenen Gefühls wurde mit den synthetischen Klängen und der Masse gleichgeschaltet.

Ich verachtete die Szene für die daraus resultierende Uniformität. Für mich war der Tanz beim Techno und beim Minimal-Electro weniger ein Tanz als ein Marsch. Eine Durchhaltekür, für die man sich mittels Drogen über mehrere Nächte wach und fit hielt. Das war das Gegenteil von wild, es war total kontrolliert und berechenbar. Wie im Dritten Reich, wo man der Wehrmacht Crystal Meth und andere Drogen verabreichte, um sie gefügig und durchhaltefähig zu machen. Dieses Prinzip der Betäubung verstand ich nicht. Ich wollte das Leben immer ungefiltert spüren, mit all seinen Tiefen und Höhen. Ich wollte wach sein. Das war auch nötig. Denn es gab Fronten in meinem Leben, an denen ich aufmerksam sein und kämpfen musste.

Als immer mehr Schüler zu meiner Kampfschule in die Dunckerstraße kamen, begannen nämlich die Probleme. Ich wusste schon von Bernd aus Hamburg, dass die Escrima-

Szene in Deutschland ein spezieller Haufen war. Sie war durchsetzt von Psychopathen und Wichtigtuern, die den kriegerischen Ursprung der Disziplin als Vorwand für ihre eigenen Kriege nahmen. Es gab verfeindete Banden, persönliche Fehden, und nicht zuletzt waren sich die wenigen Lehrer, die es hierzulande gab, untereinander nicht grün. Dass ich mir mit meinem Studio also nicht nur Freunde machen würde, war von vornherein klar. Dass ich allerdings Drohungen bekommen würde, hatte ich nicht erwartet.

Schon nach wenigen Wochen ließ mir ein Typ aus Kreuzberg über einen Mittelsmann die Nachricht zukommen, er sei der Freefight-Meister von Berlin, und ich solle mich verziehen. Die Botschaft war wie ein Gifttropfen, der die ohnehin eingetrübten Gewässer meines Berliner Neuanfangs mit einer fast vergessenen Droge verpestete: der Angst. Sofort war alles wieder da: die Verletzlichkeit, die mich in meiner Kindheit nach der Attacke eines unbekannten Angreifers dazu getrieben hatte, Karate zu machen. Die Panik, die ich empfunden hatte, wenn wir als Jugendliche in Hamburg von Skinheads oder verfeindeten Gangs durch die Straßen gejagt wurden. Die Verstörung, die in mir hochgekrochen war, als ich als Teenager bei einem vermurksten Überfall zum ersten Mal eine Waffe auf einen Menschen gerichtet hatte. Das war vielleicht ein groteskes Schauspiel gewesen. Um meinen Kumpels zu beweisen, wie skrupellos ich war, hatte ich mit einer Papiertüte überm Kopf und der verchromten Attrappe einer 44er Magnum im Anschlag den schwulen Klempner meiner Oma überfallen. Am Ende musste ich fliehen, weil er mich trotz der Tüte über dem Kopf erkannte. Im Nachhinein eine lustige und irgendwie harmlose Geschichte. Aber wer einmal in die Augen eines Menschen geblickt hat, auf den eine Knarre gerichtet wird und der nicht weiß, dass diese Knarre eine Attrappe ist, kann nachvollziehen, wie schmal der Grat zwischen Spiel und Ernst, zwischen Protzen und Panik, zwischen harmloser Angeberei und explodierender Gewalt ist.

All diese Erinnerungen saßen tief, und sie kamen nun wieder an die Oberfläche. Wenn es nach mir gegangen wäre, hätte ich die Kampfansage des namenlosen Widersachers einfach ignoriert, hätte weitergemacht wie bisher und darauf gewartet, dass sich der Konflikt in Luft auflöst. Aber ich wusste, dass das nicht funktionieren würde. Ich wusste, dass ich mich irgendwie verhalten musste. Das war auch eine Frage der Ehre. Ich war hin- und hergerissen. Zwischen meiner Philosophie der gewaltlosen Eroberung und den Gesetzen, die für Situationen wie diese galten und die ich nur zu gut kannte. Ich musste nicht lange nachdenken, um zu dem Schluss zu kommen: Ich musste mein Gesicht wahren. Das war ich nicht nur mir selbst, sondern auch meinen Schülern und meinem Lehrer in Hamburg schuldig. Also spielte ich den Coolen und gab dem Mittelsmann folgende Botschaft mit auf den Weg: »Er soll selber vorbeikommen, dein Freefight-Meister, dann sehen wir weiter!«

Das war eine diplomatische Ansage, aber sie brachte mir keinen Frieden. Von diesem Tag an war jegliche Leichtigkeit aus dem Projekt Escrima-Schule verschwunden. Jedes Training kostete mich Überwindung, jeder Gang dorthin wurde zur Qual. Die Omnipräsenz des selbst ernannten Gegners lastete auf mir wie ein bleiernes Gewicht. Obwohl er vorerst nicht selber vorbeikam, schickte er im Wochentakt seine Schüler vorbei, um mich fertigzumachen.

Meist kamen sie unter dem Vorwand, ein Probetraining absolvieren zu wollen, verfolgten dann aber ganz unverhohlen die Mission, mich k. o. zu hauen. Ich wusste schon beim ersten Schlag, ob jemand zum Kämpfen oder zum

Trainieren gekommen war. Ein geübter Fighter versteckt seine Erfahrung nicht hinter laschen Schlägen oder zögerlichen Reaktionen. Er funktioniert einfach. Zum Glück war ich durch die harte Schule bei Bernd und Daniel inzwischen so erfahren, dass keiner der Schergen mich kleinkriegte, aber allein die Möglichkeit, dass es jederzeit einer hätte tun können, machte mich fertig. Ich war ständig in Alarmbereitschaft.

Meine Paranoia ging so weit, dass ich die Dunckerstraße nie ohne Begleitung verließ und mir angewöhnte, stets ein Messer oder einen Palmstick dabeizuhaben, für den Fall, dass mir jemand auf der Straße auflauerte. Beim Training hatte ich immer Macheten hinter der Tür versteckt. Macheten waren ein gängiges Werkzeug beim Escrima. Ich hasste sie. Ich war zwar in der Lage, sehr schnell mit ihnen zu hantieren, und wenn ich mit ihnen trainieren musste, versenkte ich mich so weit, dass ich nicht mehr über die Gefahr nachdachte, die von ihnen ausging. Aber wenn ich nüchtern die Klingen betrachtete, bekam ich einen regelrechten Würgereiz. Ich wusste, dass jeder ernstgemeinte Kampf mit ihnen tödlich enden würde. Dass ich nach der Drohung aus Kreuzberg zeitweise eine Machete in meiner Jogginghose versteckte, wenn ich alleine unterwegs war, zeigt das Ausmaß der Angst, die mich in dieser Zeit umtrieb. Meine idealistische Vorstellung von der Eröffnung einer Escrima-Schule wich der knallharten Realität.

Gleichzeitig sorgten das Training und die Battles dafür, dass meine Technik immer besser wurde. Meine Kampfbereitschaft wurde zu einer zweiten Haut, die Griffe, Tritte und Schläge zu jederzeit abrufbaren Gesten der Verteidigung. Das merkten sowohl Gegner als auch Lehrer. Die permanente Habtachtstellung, in der ich lebte, versetzte mich schließlich sogar in die Lage, das zu schaffen, was mir lange unmöglich erschienen und was bei meinen ersten Trainingseinheiten im Atelier von Daniel Richter lediglich eine fixe Idee gewesen war: Ich setzte meinen Richter Gnadenlos schachmatt.

Das hatte zugegebenermaßen nicht nur mit der Steigerung meiner Fähigkeiten zu tun. Daniel hatte inzwischen so viel mit seiner Kunst zu tun, dass er nur noch selten zum Trainieren kam. Für mich war es trotzdem ein Triumph, als ich ihn beim Sparren das erste Mal eindeutig besiegte. Danach tauschten wir die Rollen. Ich trainierte nicht mehr bei ihm in der Auguststraße, sondern er bei mir in der Dunckerstraße. Wenn auch selten. Ich nahm ihm sogar 80 Mark pro Stunde ab. Ein schöner Dank für die Gratis-Einheiten in seinem Atelier.

Aber er fing von sich aus damit an. Er verdiente inzwischen sehr gut und war als Maler supererfolgreich. Wenn wir nach dem Training essen gingen, merkte ich, wie ehrfürchtig die Kellner und Gäste ihn ansahen. In den Mitte-Lokalen, wo die Galeristen und Medienleute sich die Klinke in die Hand gaben, erkannte man ihn sofort als großen Künstler. Für mich war das ungewohnt, aber ich sonnte mich gerne in seinem Ruhm. Und wenn mich ein Kellner, der mich vorher nicht mit dem Arsch angeguckt hatte, nach einem Besuch mit Daniel auf einmal mit Handschlag begrüßte, fühlte ich mich prompt auch ein bisschen berühmt. Dann verschwand die Angst für ein paar Augenblicke. Leider kehrte sie aber immer schnell zurück.

12

Wohnungs-Bar-Mitte

Ich war auf dem Weg zu Sebastian in die Kastanienallee, als auf einmal Schnalle anrief. Es war Freitag, und es war früher Nachmittag. Da schlief er normalerweise fürs Wochenende im *E-Werk* vor. Ich ahnte also, dass etwas passiert sein musste. Und tatsächlich: »Alter, Michel, du musst mir helfen«, rief er aufgeregt in den Hörer.

»Schieß los, was gibt's?«

Ich erwartete eine Keilerei, einen Überfall oder einen Türsteherzwist. Das war ein Nebeneffekt meiner neuen Daueralarmbereitschaft. Ich witterte hinter jeder Straßenecke und jedem »Es ist was passiert« Ärger und Gefahr. In diesem Fall allerdings zu Unrecht.

»Ich hab aus Versehen zwei Jobs auf einmal angenommen«, erklärte Schnalle. »Kannst du den einen für mich übernehmen? Gutwettertür. Viel kleiner als im *E-Werk*. Der einzige Haken ist, dass du alleine bist. Aber das macht da nichts. Ist eher familiär.«

Schnalle hatte mich so oft zur Türsteherei überreden wollen, dass mich die Situation nicht wirklich überraschte – eine Bitte, mit der er mich vor vollendete Tatsachen stellte und gleichzeitig meine Freundschaft auf die Probe stellte. Ich war eigentlich nicht bereit für einen solchen Job. Aber ich wollte meinen Kumpel auch nicht hängen lassen. Also antwortete ich: »Okay, ich überleg's mir.«

»Für Überlegen ist keine Zeit mehr«, rief er. »Das ist schon heute Abend. Nette Leute. Kein Stress. 30 Mark die Stunde.«

Ich musste an Grotowski denken, der gesagt hat: »Hungrige Künstler sind Banditen. Ein theatralischer Moment taucht auf und … du greifst zu.« Das hier war ohne Frage ein theatralischer Moment.

»Okay, wo muss ich hin?«

»*WBM*.«

»Du meinst *WMF!*«

»Nein!«, lachte Schnalle hörbar erleichtert. »*WBM*, Alter! Das steht für Wohnungs-Bar-Mitte. Torstraße, Ecke Chausseestraße. 21 Uhr musst du da sein. Ich mach's wieder gut.«

Schon in dem Moment, als ich auflegte, bereute ich, dass ich mich hatte breitschlagen lassen. Reichte nicht der Stress in der Escrima-Schule? Musste ich mir auch noch das Gezänk bekokster Partyhengste antun?

Weil ich allein sein wollte, knickte ich den Besuch bei Sebastian und ging stattdessen bei einem Thai-Imbiss zu Mittag essen. Dort starrte ich vor mich hin und bekam kaum einen Bissen runter. Während ich auf meinen Bratnudeln kaute, als wären es Schnürsenkel, gingen mir die wildesten Bilder durch den Kopf. Vor meinem inneren Auge liefen Szenen von Massenschlägereien und fliegenden Bierflaschen ab, ich sah Blut und Scherben und schreiende Menschen, ich malte mir aus, wie ein Mob aggressiver Männer über mich herfiel und mich vernichtete. Dann war alles schwarz. Leer. Tot.

Würde mich überhaupt jemand vermissen, wenn ich meinen ersten Abend als Türsteher nicht überlebte? Oder war das die letzte und endgültige Lektion in Sachen Sinnlosigkeit, die mein Neuanfang in Berlin für mich bereithielt – ein unbemerktes Verrecken in irgendeinem Hinterhof, über das schon bald das gleiche Unkraut wachsen würde, das in Berlin überall zwischen den Gehwegplatten und

Mauerabbrüchen wucherte? Diese Gedanken ließen mich bis zum Abend nicht los. Mit jeder Stunde, die der Job näher rückte, wurde mir übler. Mit jeder Minute, die verstrich, hasste ich mich ein wenig mehr für meinen Stolz, der mir verbot abzusagen, und für meine Blödheit, es nicht von vornherein getan zu haben.

Erst als ich um Punkt 21 Uhr von den *WBM*-Gründern Martin und Harry in Empfang genommen wurde, war ich wieder einigermaßen ich selbst. Es war wie beim Training. Hatte der Kampf erst begonnen, agierte ich in traumwandlerischer Sicherheit, und alle Ängste traten in den Hintergrund. Dann funktionierte ich nur noch. Das klappte auch hier. Hinzu kam, dass das schummerige Zwielicht der Wohnzimmer-Bar etwas Heimeliges ausstrahlte. Mit ihren Plüschsofas und Fransenlampen, den Sitzblöcken und Fototapeten erinnerte mich der Laden an einen Puff auf St. Pauli. Ich fühlte mich sofort zu Hause, und das beruhigte.

Der Club war im dritten Stock eines heruntergekommenen Wohnblocks untergebracht. Er funktionierte nach dem gleichen Prinzip wie die großen Technoläden: Zwischennutzung. Bis auf eine standhafte Ur-Berlinerin, die unterm Dach wohnte und sich weigerte auszuziehen, stand das Gebäude leer. Und weil die Alte stocktaub war, störte sie sich nicht an den exzessiven Partys, die an den Wochenenden zwei Stockwerke unter ihr gefeiert wurden.

Harry war Grafiker aus Süddeutschland, ein bisschen griesgrämig, aber hilfsbereit, Martin ein Glücksritter aus Tschechien, aufbrausend, aber pragmatisch. Sie waren ein ungleiches, aber lustiges Duo, und sie waren die typischen Mitte-Macher: zugezogen, ein bisschen in der Welt herumgekommen, Mitte 30, aber beseelt von einer kindsköpfigen Energie, die jedem Teenager Ehre gemacht hätte. Wie die meisten Mitte-Pioniere schienen sie mit ihrer Bar eine verspätete Adoleszenz auszuleben. Sie hatten eine klare Arbeitsaufteilung: Harry kümmerte sich um Einrichtung, Partyplanung und sonstige ästhetische Fragen, Martin war fürs Geschäftliche zuständig. Sofern man überhaupt von Geschäft sprechen konnte. In erster Linie war die *WBM* ein Club der Idealisten.

»Pass auf«, erklärte Harry mit Stolz in der Stimme. »Zu uns kommen Künstler, Zeitungsleute, Schriftsteller, Regisseure, Schauspieler, Fotografen und Models. Hab ich was vergessen?«

Damit guckte er zu Martin, der den Faden sofort aufnahm.

»Solange du die Models erwähnt hast, ist doch das Wichtigste gesagt«, zwinkerte er mir mit einem charmanten tschechischen Akzent zu.

»Jedenfalls verstehen wir uns als Treffpunkt für die kreative Szene von Berlin«, blieb Harry sachlich. »Der Club hat etwa 250 Mitglieder, die alle einen eigenen Schlüssel für die Bar haben. Den werden sie dir auf Aufforderung zeigen.«

»Kein Schlüssel, kein Einlass«, wurde auch Martin wieder ernst. »Es sei denn, du kennst die Leute persönlich.«

»Genau«, pflichtete Harry bei. »Es sei denn, du kennst sie persönlich.«

»Irgendwann kennst du sowieso alle.«

»Das stimmt.«

»Es kommen ja immer die gleichen Leute.«

»Stimmt auch.«

»Du bist also mehr Begrüßungskomitee als Wachhund.«

»Genau. Du stehst unten am Hauseingang und lässt die Leute rein. Den Weg nach oben schaffen sie dann auch alleine.«

»Einen Schlüssel haben sie ja sowieso.«

»Genau«, nickte Harry. »Und du kriegst natürlich auch einen. Hast du den Schlüssel für Michel dabei, Martin?«

»Nee, den musste ich anderweitig vergeben.«

»Was?« Harry runzelte die Stirn. »An wen denn?«

»Du weißt schon: das Model von gestern. Sophie!«

Ich musste grinsen. Martin grinste auch. Harry nicht. Er verdrehte nur die Augen und fing an, in den Fächern hinter der Bar rumzukramen. Währenddessen flüsterte Martin mir zu: »Du wirst mich noch verstehen! Die Frauen, die hierherkommen, sind einfach unglaublich.«

Bevor ich antworten konnte, hielt Harry hinter der Bar triumphierend einen Schlüssel in die Höhe: »Na bitte, hier ist noch einer! Kannst du fangen?«

Klar konnte ich. Von diesem Moment an gehörte ich zum eingeweihten Kreis der *WBM*-Familie. Das war ein schönes Gefühl – das erste schöne Gefühl nach all den Zweifeln und Untergangsfantasien dieses Tages.

Eine Stunde später stand ich unten an der Tür. Es passierte erst mal nichts. Niemand kam. Also ging auch niemand. Nur ich stand. Und stand. Und stand. Die Partys in Berlin fingen viel später an, als ich es aus Hamburg gewohnt war. Vor Mitternacht zogen die meisten Clubgänger gar nicht erst los.

Eigentlich war es eine schöne Frühlingsnacht. Ein lauer Wind wehte, die Bäume rauschten friedlich, der Himmel war sternenklar. Trotzdem holte meine Paranoia mich schnell wieder ein. So ehrgeizig ich beim Escrima war, so zuwider war mir der Gedanke, es außerhalb des Trainingsraums anzuwenden. Aber jetzt … War ich nicht hier, um genau das zu tun? War es nicht ein ungeschriebenes Gesetz, dass ein Türsteher die Aggressionen der Menschen auf sich zog und dadurch dazu gezwungen wurde, seinen eigenen Aggressionen freien Lauf zu lassen? Ich erschauerte. Auf einmal war die Nacht voller bedrohlicher Schatten. Bei jedem Auto, das vorbeifuhr, schreckte ich hoch, jeder noch so harmlose Passant wurde zum Angreifer, der es darauf abgesehen hatte, mich kaltzumachen.

Doch dann ging der Betrieb los. Zu meiner Überraschung lösten sich schon beim ersten Gast all meine Zweifel und Grübeleien in Luft auf. Das war Sam, eine niedliche Modedesignerin, die mir im Koksrausch so ausführlich über ihre Pläne für die Nacht erzählte, dass ich ihre Route danach in einer Karte hätte einzeichnen können. Ich hatte sogar das Gefühl, dass sie mich ein bisschen anbaggerte, aber ich hatte nicht viel Zeit, darüber nachzudenken. Denn jetzt kamen immer mehr Gäste. Auch sie waren friedlich, interessiert und kommunikativ. Die Dichte an interessanten Leuten, die es schon in wenigen Sätzen schafften, meine Sympathie zu gewinnen, war bemerkenswert. Meine Anspannung ließ nach. Ich ließ mich von der gelösten Stimmung anstecken.

Die meisten Besucher standen am Anfang einer langen Club-Hopping-Nacht mit ungewissem Ausgang. Sie ließen sich treiben. Sie kamen aus dem *Greenwich,* dem *Helsinki* oder dem um die Ecke gelegenen *Tacheles,* einem alten Kaufhaus, das 1990 von Künstlern besetzt worden war und seither zum Zentrum der Underground-Kultur geworden war. Später wollten sie ins *WMF,* ins *Pogo* oder zum *Fun-Club* weiterziehen. Natürlich wurde auch das *Cookies* immer wieder erwähnt. Dann nickte ich jedes Mal wissend, behielt meinen gescheiterten ersten Besuch aber für mich. Gleichzeitig nahm ich mir vor, sehr bald einen zweiten Anlauf zu starten. Der ansteckende Enthusiasmus der *WBM*-Gäste verlieh meinem Ziel, die Mitte-Mädchen wachzuküssen, neue Flügel.

Zwei Stunden lang war ununterbrochen Betrieb. Erst gegen zwei Uhr gab es eine Flaute, und ich konnte durchatmen. Mein Schädel brummte. Ich war ganz high von dem ganzen Geflirte und Geschnatter. Martin hatte nicht zu viel versprochen. Die Frauen waren tatsächlich unglaublich. Überstrahlt wurden sie allerdings alle von Sophie, dem Model, das seinen Schlüssel erst gestern bekommen hatte. Sie war die schönste Frau, die mir in Berlin bis jetzt untergekommen war. Vielleicht die schönste Frau überhaupt – groß, gazellenhaft, mit einem zauberhaften Lächeln und einer feinen, aristokratischen Gestik, der man sofort ihre gute Erziehung anmerkte. Wenn ich mir vorstellte, wie sie sich jetzt zwei Stockwerke über mir in den Plüschsofas unter den Fransenlampen räkelte, war ich fast ein bisschen verliebt.

Jetzt, wo die bedrohlichen Schatten vertrieben waren, stellte sich ein anderes Gefühl ein: die Müdigkeit. Ich musste mich dringend beschäftigen. Das war an einer schläfrigen Ecke wie dieser gar nicht so einfach. Abgesehen von der alle halbe Stunde vorbeizuckelnden Straßenbahn, war hier nicht viel los. Es gab weder bunte Neonreklamen noch belebte Nachbarkneipen, nur ein paar flackernde Ost-Laternen beleuchteten die Szenerie.

Nachdem zehn Minuten niemand gekommen oder gegangen war, fing ich an, Kippen in die Gosse zu kicken. Bei denen, die Lippenstiftspuren hatten, stellte ich mir vor, dass Sophies Mund an ihnen gesaugt hatte. Als keine Kippen mehr rumlagen, ratterte ich halblaut Monologe aus der Schauspielschulzeit vor mich hin, und am Ende unterhielt ich mich vor lauter Langeweile mit einem vorbeikriechenden Regenwurm. »Mach, dass du wegkommst, sonst wirst du zertrampelt.«

Was für eine müßige Warnung! Vor allem, wenn man bedachte, dass ich ja nur deshalb mit dem Wurm sprach, weil weit und breit niemand zu sehen war, der ihn hätte zertrampeln können. Ich beschloss, ihn trotzdem zu retten. Ich riss ein Stück Papier von der Wand, kniete mich hin und ließ ihn draufkriechen. Zuerst zierte er sich, deshalb redete ich ihm gut zu. Darüber merkte ich gar nicht, dass ich nicht mehr allein war. Als ich aufstand und das Papier samt Wurm zu einem kleinen Grasstreifen tragen wollte, stieß ich fast mit einem Typen zusammen, der mich offenbar die ganze Zeit beobachtet hatte. Er sah gut aus. Groß, dünn, schwarzhaarig. Und er hatte stechende grüne Augen, die halb belustigt und halb arrogant auf mich herabblickten.

Verdammt! Das war der Türsteher aus dem *Cookies!* Während wir uns in die Augen blickten, fragte ich mich, ob er sich an mich erinnerte. Aber das war unwahrscheinlich. Trotzdem: Wenn ich nicht ein zweites Mal gegen ihn abkacken wollte, musste ich souverän bleiben.

»Willst du zur *WBM?*«, fragte ich fordernd und ohne den Blick abzuwenden.

Er nickte.

»Geschlossene Veranstaltung, ist dir klar, oder?«

Er nickte erneut, holte einen *WBM*-Schlüssel aus der Hosentasche und hielt ihn mir vor die Nase. *Schade,* schoss es mir durch den Kopf. Zu gern hätte ich ihm eine Retourkutsche verpasst und ihn auflaufen lassen. Jetzt war im besten Fall ein Gleichstand möglich.

»Okay, warte kurz«, sagte ich und klang dabei so gönnerhaft, als hätte er gerade darum gebeten, bei mir anschreiben zu dürfen. »Ich muss nur noch kurz den Patienten hier retten.«

Ich trug den Wurm in aller Seelenruhe zum Grasstreifen, setzte ihn ab, wischte mir die Finger an meiner Trainingshose ab, drehte mich um und ging mit ausgestreckter Hand auf den neuen Gast zu: »Jetzt noch mal offiziell: Ich bin Michel.«

»Marcus!« Sein Händedruck war schlaffer, als ich es von einem Türsteher erwartet hätte. Ob er sich an der *Cookies*-Tür oft hauen musste? Vielleicht hatte er das gar nicht nötig. Mich haute er in diesem Moment jedenfalls mit einer ganz arglos gemeinten Frage um: »Weißt du zufällig, ob Sophie oben ist?«

Natürlich wusste ich es. Genauso wie ich in jenem Moment ahnte, dass dies der Beginn einer schönen, altmodischen Rivalität unter Kerlen werden könnte. Ich sollte mich nicht irren.

13

Casting-Allee

Um drei Uhr war Feierabend. Nicht für die *WBM*-Gäste, aber für mich. Harry und Martin, die inzwischen ordentlich angeschickert waren, wollten noch mit mir weiterfeiern. Die Stimmung in der Bar war sprichwörtlich aufgeheizt. Die verrauchte Luft war angefüllt von rotem Licht, Gelächter und trägen Elektrobeats. Spaghettiträger waren von Schultern gerutscht und T-Shirts von Schweiß durchtränkt, Hände tätschelten Wangen, Schenkel und Arschbacken. Es war ein frivoles Geschiebe und Getanze, und alle hatten irgendwas im Mund, vom Strohhalm bis zur Zunge.

Nach fünf Stunden im fahlen Flackern der Ostlaterne war das eine atmosphärische 180-Grad-Drehung, die mich auch besoffen machte, ohne dass ich Alkohol trank. Wegen der Kampfsportgeschichte trank ich selten und vertrug nichts, und seit der erhöhten Alarmbereitschaft wegen der Drohungen, die der Freefight-Meister mir noch immer zukommen ließ, erschien es mir doppelt gefährlich, nachts besoffen durch die Gegend zu laufen. Außerdem war Saufen für mich Privatsache. Das hatte ich spätestens auf der Schauspielschule verinnerlicht, wo ich immer wieder dabei zugesehen hatte, wie sich Nachwuchstalente bei Besäufnissen und Koks-Gelagen an Regisseure und Produzenten ranschmissen, um die besten Rollen zu bekommen. Seitdem war Trinken mit potenziellen Chefs für mich nichts anderes als gesellschaftsfähige Rumhurerei. Ich blieb lieber mein eigener Chef.

Die Erste, die sich mir beim Betreten der Bar in den Weg stellte, war Sam, die niedliche Modedesignerin. Sie hatte an dem Abend mindestens genauso viel Zeit bei mir unten an der Tür verbracht wie hier oben. Jetzt wollte sie offenbar endlich anstoßen – oder was weiß ich. Sie grinste mich an, ich grinste zurück, das war's aber auch schon.

Im nächsten Moment kam Martin von der Seite, packte mich an der Schulter und zog mich mit sich: »Alter, merkst du was? Ich schwör dir, die Kleine will was von dir. Was trinkst du?«

»Cola oder so.«

»Cola? Das knallt ja gar nicht!«

»Macht nichts, ich muss sowieso gleich los.«

»Na gut, warte kurz.«

Während er nach links zur Bar abdrehte, sah ich aus dem Augenwinkel, wie sich Sam von rechts näherte, um einen neuen Anlauf zu starten. Diesmal war es Harry, der ihr zuvorkam. Er war jetzt deutlich gelöster als vorhin: »Na, lief doch gut, oder?«, lallte er. »Die Gäste sind ganz begeistert von dir. Besonders die Kleine da rechts. Ich schwör dir, die will was von dir.«

Martin kam von der Bar zurück und hielt mir eine Cola hin: »Hier, bitte.«

»Cola?«, runzelte Harry die Stirn. »Das knallt ja gar nicht!«

»Macht nichts«, winkte ich ab.

»Er muss sowieso gleich los«, fügte Martin hinzu.

»Verstehe, da hat einer noch was Größeres vor«, feixte Harry. »Aber nicht, dass du uns morgen an der Tür einschläfst!«

»Morgen?«

»Wir treffen uns wieder um neun hier«, nickte Harry. »Wenn du um halb zehn kommst, ist auch okay.«

»Aber ab zehn ist offiziell geöffnet, da muss wer unten stehen!« Das war wieder Martin. »Im Sommer, wenn die Tage länger werden, verlagert sich das vielleicht ein bisschen nach hinten. Aber mal gucken. Für die nächsten Wochen stell dich besser auf halb zehn ein.«

Meine Annahme, dass ich den Job als einmaliger Ersatz für Schnalle gemacht hatte, war damit vom Tisch. Das war schon mal super. Jetzt musste ich nur noch herausfinden, was zwischen Sophie und dem *Cookies*-Türsteher lief. Gemeinsam gegangen waren sie nicht, aber das musste ja nichts heißen.

»Sagt mal, dieses Model …«, tastete ich mich vor. »Diese Sophie. Wie ist die eigentlich so drauf?«

Die Antwort war ein Dialog, der eigentlich keine Antwort war, der mir aber trotzdem alle Informationen lieferte, die ich haben wollte: »Wie die drauf ist?«

»Ja, das wüssten wir auch gern.«

»Aber Finger weg, sie gehört mir.«

»Haha, träum weiter.«

»Was soll'n das heißen?«

»Alter, nicht mal Marcus konnte bei ihr landen!«

»Hat er's versucht?«

»Der ist doch extra hergekommen wegen ihr.«

»Scheiße, war sie nett zu ihm?«

»Sie ist zu allen nett.«

»Ich hatte das Gefühl, bei mir war sie es besonders.«

»Ja, das Gefühl hatte ich bei mir auch.«

Ich hätte einhaken und sagen können, dass ich dieses Gefühl bei mir ebenso gehabt hatte. Aber es war sinnlos, Martin und Harry bei ihren Wortgefechten zu unterbrechen. Außerdem war meine Cola alle. Also ging ich. Nicht, wie Harry annahm, in irgendeinen Club, sondern nach Hause. Mich ausschlafen. Für meine nächste Schicht. Für Sophie.

Die am nächsten Abend allerdings gar nicht kam. Aber es gab ja noch die nächste Woche. Und dic übernächste. Ich gehörte ja jetzt zur *WBM*-Crew.

Mit meinem ersten Wochenende an der Tür brach der Frühling an. Sowohl im meteorologischen als auch im übertragenen Sinne. Während auf der Kastanienallee die Knospen sprossen und die Frühlingssonne aufdrehte, war ich auf dem Laufsteg der Ü-30-Gören und Jogginghosenhelden auf einmal kein Fremder mehr. Wenn ich jetzt die Straße entlangspazierte, wurde ich ständig von Leuten angesprochen, die ich am Vorabend kennengelernt hatte. An manche konnte ich mich erinnern, an andere nicht, aber letztendlich war das auch egal. Man knüpfte einfach an das Gespräch vom Vorabend an oder griff ein belangloses Thema auf, ging ein Stück gemeinsam und trennte sich irgendwann in dem untrüglichen Wissen, dass man sich sowieso bald wieder begegnen würde – im Café, auf der Straße oder eben in der *WBM*. Dass dadurch auch meine Verlorenheit und meine Ängste nachließen und ich mich sicherer fühlte, war ein schöner Nebeneffekt.

Als ich am Sonntagnachmittag vorm *103* meinen Espresso trank, kamen zufällig Harry und Martin vorbei und setzten sich zu mir. Über das Konsensthema Sophie wanderte das Gespräch weiter zu Sam, Marcus und anderen *WBM*-Stammgästen. Schließlich landeten wir bei Martins Lieblingsthema: den Models. Dabei bezog sich das Wort im Prinzip auf alle weiblichen Geschöpfe des Universums. Martin erklärte mir dann Folgendes: »Du musst wissen, Michel, du darfst zu den Frauen in Berlin nicht zu freundlich sein.«

»Das stimmt«, pflichtete Harry bei. »Wenn du ein Model schnell ins Bett kriegen willst, musst du es beschimpfen.«

»Beschimpfen?«

Ich war völlig überfordert. Frauen beschimpfen? Um sie ins Bett zu kriegen? Das widersprach so ziemlich allem, was ich im Umgang mit Frauen bisher gelernt und erfahren hatte.

»Ohne Scheiß!«, nickte Harry. »Die stehen auf Arschlöcher. Oder zumindest auf Kerle, die so tun, als wären sie welche. Der Professor kann dir davon ein Lied singen.«

»Wer ist denn der Professor?«

»Das ist mein Mitbewohner«, gackerte Martin. »Du wirst ihn sicher bald kennenlernen. Ganz schräger Vogel. Bumst eine nach der anderen. Aber um noch mal auf die Models zurückzukommen: Meine Theorie ist ja, dass die Berliner Frauen so durchemanzipiert sind, dass sie traditionelle Komplimente als chauvinistisch empfinden.«

»Mit einem Chauvi geht eine emanzipierte Frau natürlich nicht in die Kiste.«

»Also lässt sie sich lieber beschimpfen.«

So absurd diese Theorie klang, auf ihre verquere Weise war sie schlüssig. Und sie machte uns übermütig. Von nun an wurde jede vorbeigehende Frau von uns begutachtet, wir vergaben Noten und spannen die wildesten Fantasien. In Gedanken zogen wir die Passantinnen aus und wieder an, schoben sie von rechts nach links und taxierten sie von oben bis unten. Dabei lachten wir uns pausenlos schlapp. Mich erinnerte das alles an das Vorsprechen bei Regisseuren, wo es auch immer hieß: »Machen Sie mal den und den Gang, und probieren Sie mal diese oder jene Haltung aus.« Nur dass das hier viel lustiger war.

Irgendwann rief Martin: »Alter, die Kastanienallee ist ja die reinste Modelmeile!« Harry pflichtete ihm bei: »Echt wahr, man sollte sie in Catwalk-Allee umbenennen!« Daraus ergab sich ein fröhlicher Straßennamen-Battle, der von »Grazien-Allee« über »Chick Street« und »Mannequin-Allee« führte, bis ich schließlich losprustete: »Quatsch, Leute, ist doch ganz logisch: Das ist die Casting-Allee hier!« Das fanden wir dann alle wahnsinnig komisch und wiederholten es so oft, bis es sich festgesetzt hatte. Für die nächsten paar Jahre hatte die Kastanienallee ihren neuen Spitznamen weg.

14

Der Arzt, dem die Frauen vertrauen

An meinem nächsten *WBM*-Wochenende traf ich zum ersten Mal den »Professor«. Er wurde zu meinem besten Freund der nächsten Jahre. Allerdings war es Liebe auf den zweiten Blick. Da ich ihn nicht kannte, wies ich ihn an der Tür erst mal ab. Es war 23 Uhr, und er war der erste Gast des Abends. Gleichzeitig war er mein erster Gast, der in die Bar wollte, ohne einen Schlüssel zu haben. Für mich hieß das: Abblocken. Vor diesem Moment hatte mir von vornherein gegraut. Ich wollte nicht das Arschloch sein, das Leuten den Zugang zum Club verwehrte. Meinen Erfahrungen zufolge war so was schlecht für das Karma aller Beteiligten. Die Abgewiesenen wurden in ihrer Feierlaune beeinträchtigt, der Türsteher wurde unweigerlich zum Buhmann und Spaßverderber. Dass er damit Aggressionen auf sich zog, führte zurück zu meinen Ängsten der ersten Nacht. Auch wenn sie in diesem Fall offenbar unnötig waren.

Der Mann, der da mit zerzaustem Haar und großen, unruhig hin und her tanzenden Augen vor mir stand, wirkte nicht gefährlich. Er machte eher den Eindruck, als ob er sich verlaufen hätte. Mit seinen Stoffhosen und seinem alten Wildledermantel sah er ein bisschen aus wie ein Obdachloser. Dass alle Kreativen mit gutem Gehalt in Berlin so aussahen, hatte ich noch nicht drauf. Ich kam also gar nicht auf die Idee, dass er der Mann sein könnte, von dem

Martin auf der Casting-Allee erzählt hatte. Auch wenn er sich mit dem Satz vorstellte: »Ich bin Frank, mein Mitbewohner macht den Club hier.«

»Hast du einen Schlüssel?«

»Nicht dabei.«

»Dann kommst du nicht rein.«

»Aber ich sag doch, ich bin der Mitbewohner von …«

»Das kann ja jeder sagen«, unterbrach ich ihn, was mir sofort wieder unangenehm war, sodass ich entschuldigend hinterherschob: »Außerdem ist gerade alles voll.«

Das war so ziemlich die unglaubwürdigste Ausrede, die ich mir hätte ausdenken können. Das fand auch der Professor. Er fing an zu lachen. Es war ein spöttisches, übermütiges Lachen, mit dem er sich gleichzeitig über mich und über sich selbst lustig zu machen schien. Es war total ansteckend, und ich schaffte es nicht, ernst zu bleiben. Wozu war ich eigentlich Schauspieler?

Dann kam auch noch Martin von oben und stöhnte: »Mann, jetzt könnten langsam mal die ersten Leute kommen.« Damit war meine Verlegenheitslüge endgültig entlarvt, was den Mann im Wildledermantel noch mehr zum Lachen brachte. Martin sah uns erst verwirrt an, dann sagte er: »Hab ich doch gewusst, dass ihr euch gut verstehen würdet. Schön, dass du's auch mal wieder schaffst, Professor!«

Damit schlug er dem Ankömmling auf die Schulter, und die beiden verschwanden ins Treppenhaus. Das Kichern des Professors hallte von den Wänden wider, bis es vom Pumpen der *WBM*-Beats geschluckt wurde. Doch es kehrte bald zurück. Schon wenig später kam er wieder runter, um mir einen Besuch abzustatten. Er fand es immer noch wahnsinnig lustig, dass ich ihn nicht reingelassen hatte.

»Und du bist wirklich Martins Mitbewohner?«, fragte ich ungläubig.

»Klar.«

»Du siehst aus wie ein obdachloser Student.«

»Student stimmt schon mal. Deswegen nennen sie mich auch Professor.«

»Und was studierst du? Maschinenbau?«

»Nee, Medizin.«

»Ach, komm, verarsch mich nicht.«

»Wieso verarschen? Medizin ist gut. Die Frauen stehen auf Ärzte.«

»Auf Ärzte schon. Aber auch auf diesen Look?«

Da fing er wieder an zu lachen. Ich auch. Und dann erklärte er mir, dass er im Durchschnitt fünf Frauen die Woche bumste, dass 70 Prozent dieser Frauen in festen Beziehungen waren, was ihm aber ganz recht war, weil er nichts Festes haben, sondern seine Freiheit genießen wollte, genau wie die Berliner Frauen, die so offen und selbstbewusst seien, dass es sie umso ralliger machte, wenn man sich nicht um sie bemühte und sich am besten noch über sie lustig machte, was in seinem Heimatkaff in Süddeutschland undenkbar war, in Berlin aber ginge, was wiederum der Grund dafür sei, dass die Stadt für ihn das Paradies sei, auch wenn er sich manchmal selber fragte, wo das eigentlich alles hinführen sollte.

Nach seinem Redeschwall war ich hin- und hergerissen. Einerseits sprach mir dieser Mann aus der Seele, andererseits glaubte ich maximal die Hälfte von dem, was er erzählte. Zumal ich nebenbei noch meinen Job machen und die Leute reinlassen musste, wobei er mir bei jeder dritten Frau ins Ohr flüsterte: »Alter, mit der hatte ich auch mal was.«

Später sah ich zum ersten Mal dabei zu, wie er seinen Charme spielen ließ. Während ich mit Gäste-Small-Talk beschäftigt war, sprach er eine ätherische Schönheit an, die gerade anzukommen schien. Was sie redeten, konnte ich nicht verstehen, ich sah nur, wie der Professor ihr mit Hundeblick in die Augen sah, wie sich ihr anfängliches Stirnrunzeln in Lachen verwandelte und wie sie kehrtmachte, um mit ihm die Torstraße runterzumarschieren.

Er drehte sich noch kurz zu mir um, streckte den Daumen hoch und rief: »Wir sehen uns!« Alter Schwede! Ich sah ihm und der Schönheit neidisch hinterher. Aber auch voller Bewunderung. Obwohl wir uns erst ein paar Stunden kannten, fehlte mir der Professor schon jetzt. Er hatte so eine positive Art.

Als ich so meinen Gedanken nachhing, bemerkte ich plötzlich, dass es schon halb vier war. Das bedeutete nicht nur, dass ich längst Feierabend hatte, sondern auch, dass wir geschlagene zwei Stunden gequatscht hatten. Sofort schoss ich hoch zu Martin und Harry, um Erkundigungen einzuholen. Ich wollte wissen, was dran war an dem Womanizer-Gepose.

»Fünf Frauen die Woche, hat er gesagt?«, schnaufte Harry, während ich an meiner obligatorischen Cola nippte. »Angeber!«

»Aber das kommt schon hin«, lenkte Martin ein. »Weiß auch nicht, wie er das hinkriegt.«

»Ich glaub, es sind die Kulleraugen.«

»Oder das Medizinstudium!«

»Stimmt, er ist der Arzt, dem die Frauen vertrauen.«

Darüber lachten sie sich dann erst mal zwei Minuten lang schlapp, aber ich war noch nicht überzeugt: »Stimmt es denn, dass er mit der Blondine da drüben was hatte?« Beide nickten. »Und mit der Technobraut hier vorne?« Wieder Nicken. »Und mit der Tante im grauen Longshirt an der Bar?« Sie nickten auch hier. Spätestens jetzt kapierte ich: Der Professor war ein Phänomen. Und ich ging diesem

Phänomen in den nächsten Jahren eingehend auf den Grund.

Meine besten Kumpels waren immer Leute, mit denen ich lachen konnte. Leute, die auch Witze auf ihre eigenen Kosten wegstecken konnten. Das konnte der Professor. Er war ein gnadenloser Zyniker, ein leidenschaftlicher Amoralist, und er hatte einen wahnsinnig trockenen Humor. Darin ähnelten wir uns.

Andererseits waren wir das beste Beispiel für die Anziehungskraft von Gegensätzen. Während er aus einem spießbürgerlichen Dorfhaushalt kam, war ich auf den Straßen St. Paulis groß geworden. Den gesellschaftlichen Ausbruch, den er erst vor ein paar Jahren mit seinem Umzug nach Berlin vollzogen hatte, lebte ich schon seit über zwei Dekaden. Viele der moralischen Barrieren und Regeln, mit denen er aufgewachsen war, kannte ich gar nicht. Also maß ich ihn nicht an diesen Maßstäben. Dadurch wurde ich für ihn zum Ventil, zur Legitimation, seinen Ausbruch umso konsequenter zu zelebrieren. Womit er wiederum mich zu Höchstformen aufstachelte, weil ich mithalten wollte. Jede unserer Begegnungen war eine energetische Aufwärtsspirale.

Das Ding mit den Frauen wurde zum Treibstoff für unseren Aktionismus. Egal, ob wir auf Partys, im Park oder auf der Casting-Allee unterwegs waren, wir waren im ständigen Wettstreit. Kamen uns zwei Freundinnen entgegen, analysierten wir erst, wer die Schlaue und wer die Doofe war, dann teilten wir die beiden unter uns auf, und dann sprachen wir sie an. Oft waren wir total dreist dabei und trugen unsere spielerischen Streitereien direkt vor den Augen der Frauen aus.

Komischerweise fanden sie das meist charmant, und nicht selten endete das Ganze damit, dass ich mit der Doofen und der Professor mit der Schlauen nach Hause ging. Natürlich blitzten wir auch oft ab. Das war aber auch okay. Dann gingen wir zurück zur Casting-Allee, lachten uns über unser Scheitern tot und lauerten auf die nächste Gelegenheit. So half der Professor mir, nicht nur als Türsteher, sondern auch als Privatmann in Berlin Fuß zu fassen. Und er half mir, mehr Mut im Umgang mit Frauen zu entwickeln. Mit ihm begann die Große Freiheit Mitte.

15
Sybille mit der Sonnenbrille

Bernd Michael Lade wartete schon ungeduldig auf mich, als ich beim Training in der Dunckerstraße eintraf. Es war so weit: Sechs Monate nach meinem großen Casting waren die wichtigsten Rollen für »Null Uhr Zwölf« verteilt, und ich sollte die Produzenten und die Casterin Sybille Fuchs treffen. Der Termin war für Donnerstagabend im *Schwarzenraben* angesetzt, dem In-Lokal der Stunde.

Ich war ziemlich aufgeregt. Sybille Fuchs hatte einen zwiespältigen Ruf. Einerseits war sie gut im Geschäft und hatte in den letzten Jahren einige junge Schauspieler groß rausgebracht, andererseits war sie dafür bekannt, immer wieder brutale Fehlbesetzungen zu verzapfen. In jedem Fall aber galt sie als launische Ziege. Das war ein Schlag Mensch, mit dem ich nicht besonders gut konnte. Hinzu kam, dass ich vor jedem Casting von meiner eigenen Hoch- beziehungsweise Niedrigstapelei eingeholt wurde.

Mit meinen Ende 20 war ich für einen Schauspielanfänger ein alter Sack. In der Branche galt das ungeschriebene Gesetz: Am wandelbarsten waren Männer bis zum 25. Lebensjahr. Alle, die älter waren, wurden als jugendliche Sturm-und-Drang-Charaktere gar nicht mehr in Betracht gezogen. In meiner Vita machte ich mich deswegen immer vier Jahre jünger, was mich in Eins-zu-eins-Gesprächen dazu verdammte, ein bisschen naiver zu tun, als ich in

Wirklichkeit war. So was war üblich in der Branche, aber angenehm war es nicht.

Auf dem Weg zum Termin stellte ich mich auf ein strenges Tribunal ein, das mich mit zwei großkopfigen Produzenten und der spitznäsigen Sybille Fuchs erst auseinandernehmen und dann wieder zusammensetzen würde, um am Ende doch Bernds Entscheidung stattzugeben, die ja ohnehin feststand. Ebenso war ich auf kritische Fragen zu meinem Demovideo gefasst. Weil ich nicht viel Filmmaterial hatte, erzählte ich auf dem Band versaute Witze und machte Pantomimen, bei denen ich meine eigene Geburt nachspielte oder versuchte, mit einem zu großen Schwanz in eine zu dicke Frau einzudringen. Das polarisierte. Die Leute fanden es entweder total lustig oder total abstoßend. Dazwischen gab es nichts. Es war halt obszön. Wie das wahre Leben. Mit dem wahren Leben hatten viele in der abgehobenen Filmbranche nichts am Hut.

Das *Schwarzenraben* lag im Erdgeschoss eines ehemals prächtigen Gründerzeitbaus in der Neuen Schönhauser Straße. Vor dem Krieg hatte sich hier die Speisehalle eines Volkskaffeehauses befunden, nach der Wende waren die Räume vom Gründer des Kultclubs *Tresor* in ein Edelrestaurant verwandelt worden, das innerhalb kürzester Zeit zum Szene-Hot-Spot und Promitreffpunkt avanciert war.

Im Schummerlicht des schlauchförmigen Raums mit den gewölbten Decken empfing mich das übliche Gebrumm der Mitte-Boheme. Zottelige Kreativlinge saßen mit gestylten Machertypen an Kantinentischen, während schluffige Kellner um sie herumwuselten und mit Geschirr klapperten. Ich richtete mich auf und hielt nach Bernd Ausschau, der mit zwei Großköpfen und einer Spitznase am Tisch saß. Schließlich sah ich ihn. In der hintersten Ecke. An einer langen Tafel, um die sich 20 Leute drängelten, die sich mit hysterischem Gekreisch gegenseitig zu übertönen versuchten und in deren Mitte Sybille Fuchs thronte, die eine riesige Sonnenbrille auf der gar nicht so spitzen Nase sitzen hatte.

Ich hätte kotzen können. Zusammenkünfte wie diese kannte ich aus der Schauspielschule. Statt konstruktiver Arbeit wurde bei ihnen das willkürliche Ausloten von Sympathien zelebriert. Alle machten sich wichtig, keiner interessierte sich für keinen, aber von den Schauspielern wurde erwartet, dass sie rumschleimten, bis ihnen der Sabber aus dem Mund lief. Als Bernd mich bemerkte und aufstand, um mich dazuzuholen, reagierte ich entsprechend grantig. Statt seine Begrüßung zu erwidern, grunzte ich: »Was wird das denn hier?«

»Na, wir wollen uns doch erst mal alle kennenlernen«, rief er mit aufgesetzter Heiterkeit, woraufhin Sybille Fuchs krächzte: »Genau, ich bin die Sybille. Und ich trag heut Sonnenbrille.«

»Das sehe ich«, erwiderte ich tonlos. »Warum denn?«

»Weil hier drin so hell die Sonne scheint.«

Nach dieser Bemerkung brach sie in gellendes Gelächter aus. Der Rest der Runde stimmte wie auf Knopfdruck mit ein. Es war wie bei diesen eingespielten Lachsalven in amerikanischen Comedy-Serien, die genauso abrupt endeten, wie sie losbrachen. Ich war der Einzige, der nicht mitlachte. Dafür füllte ich die Stille danach mit der bissigen Bemerkung: »Wahnsinnig witzig.«

Das kam natürlich nicht gut an. Bernd schob mir nervös einen Stuhl hin, Sybille Fuchs' Grinsen erfror, das Versace-Jüngelchen neben mir guckte pikiert, der Produzent, dessen Hand den Oberschenkel des Jüngelchens tätschelte, runzelte die Stirn.

Dann wurden zögerlich die Fäden der Unterhaltung neu

aufgenommen, die vor meiner Ankunft im Gange gewesen war. Bald quasselten wieder alle durcheinander. Nirgends ging es um das Projekt, es ging nur um Selbstdarstellung. Es war wie bei den Modeltypen auf dem Fanta-Dreh in Rothenburgsort. Jeder brüstete sich mit den Dingen, die er irgendwann mal gemacht hatte, sonst schien es nichts zu sagen zu geben. Ich langweilte mich zu Tode. Nachdem ich eine Viertelstunde stumm dagesessen und mir das Gelaber und Geheuchel angehört hatte, platzte mir der Kragen.

»Kann mir mal kurz irgendwer sagen, warum wir hier sind?«, überbrüllte ich das Stimmengewirr.

Wieder Stille. Dann sagte der Schenkel-tätschel-Produzent gleichgültig: »Na, wir haben dein Demo gesehen und wollten dich kennenlernen.«

Meine Reaktion war zackig: »Ja, das habt ihr ja jetzt!« Dann stand ich auf und verließ das Restaurant. Ich konnte nicht anders. Es war mir einfach zu blöd. Wenn das Engagement für einen Film davon abhing, wie laut ich über den schlechten Witz einer Casterin lachte oder wie willenlos ich mir von irgendwelchen Produzenten die Schenkel streicheln ließ, dann verzichtete ich lieber auf das Engagement.

Was ich dann logischerweise auch tun musste. Am nächsten Tag rief Bernd an und erklärte, Sybille Fuchs würde für die Rolle des Frank doch lieber jemanden haben, der drei, vier Jahre älter war als ich. Darüber musste wiederum ich laut lachen. Denn ich *war* ja vier Jahre älter. Die Ironie dieser Tatsache fand ich wirklich komisch. Im Gegensatz zu dem albernen Sonnenbrillenwitz. Aber das behielt ich bei dem Telefonat für mich. Bernd war das Ganze hörbar unangenehm, und ich wollte ihn nicht noch mehr in Verlegenheit bringen. Auch wenn ich mich über seinen eigenen Mangel an Mitspracherecht etwas wunderte.

Absurderweise musste ich zwei Wochen später dann doch noch mal bei Sybille Fuchs antanzen. Statt Frank, der jetzt von Mario Eric gespielt werden sollte, habe man einen Ersatzpart für mich, erklärte mir eine Sekretärin mit Bassstimme am Telefon. Ich möge doch morgen um drei zu Frau Fuchs' Agentur in Charlottenburg kommen, um über diese Rolle zu sprechen.

Ich zögerte erst, aber schließlich interpretierte ich das Ganze als Versöhnungsangebot und sagte zu. Mit dem Ergebnis, dass ich am nächsten Tag pünktlich zum Termin erschien, von der Bassstimme in eine Art Wartezimmer geführt wurde, in dem ein Fernseher stand, und zu hören bekam: »Frau Fuchs kommt gleich zu Ihnen.« Dann schob die Sekretärin eine VHS in den Videorekorder unter dem Fernseher, und auf der Mattscheibe flimmerte mein eigenes Demoband los. Ich fand das seltsam, aber ich sagte nichts. Stattdessen lehnte ich mich zurück und sah mir meine Geburt, meine Witze und den zu großen Schwanz an und amüsierte mich eigentlich ganz gut. Bis nach zehn Minuten die Sekretärin zurückkam und brummte: »Tut uns leid, Sybille Fuchs hat heute leider doch keine Zeit für Sie.« Damit drückte sie auf den Auswurfknopf des Videorekorders und hielt mir mein Demo hin: »Auf Wiedersehen.«

Wutentbrannt verließ ich die Agentur. War das die Retourkutsche einer etablierten Casterin, die einem Schauspielanfänger einen reinwürgen wollte, weil er nicht über ihre Witze lachte? War so ein Verhalten irgendetwas anderes als kindisch? Und war es einer Kaste würdig, die sich als kulturelle Elite des Landes verstand? Wenn es einen Moment gab, in dem ich endgültig den Glauben an die Integrität des deutschen Filmgeschäfts verlor, dann war es dieser.

Dass ich den »Ersatzpart« (eine lächerliche Chargenrolle mit drei Sätzen und zwei Drehtagen) am Ende doch spielte, geschah nur aus meiner Freundschaft zu Bernd Michael Lade heraus, nicht weil ich wirklich Lust dazu hatte. Die Stimmung am Set war unterirdisch. Aus Unzufriedenheit über die Besetzung meckerte Bernd ständig rum und brachte damit sogar Meret Becker zum Heulen. Dass meine Szene am Ende rausgeschnitten wurde und der Film grandios floppte, konnte mich danach auch nicht mehr erschüttern. Ich war fertig mit der Schauspielerei – und damit bereit für eine neue Karriere.

16
Opinion Leader

Das Erste, was ich tat, nachdem ich der Schauspielerei den Rücken gekehrt hatte, war Folgendes: Ich ging mit Schnalle zum Tätowierer. Das war die beste Methode, ein neues Lebensgefühl einzuläuten und den Regeln des inzestuösen Casting-Betriebs den Stinkefinger zu zeigen.

Inspiriert von den philippinischen Weisheiten der Escrima-Kämpfer, ließ ich mir den Schriftzug »Wala Kita 'y yukbu-ang tawo« – »Ich unterstehe keinem Menschen« – tätowieren. Und zwar nicht klein und diskret an irgendeine Stelle, an der es sowieso keiner sah, sondern in großen massiven Buchstaben auf den linken Unterarm. Wennschon, dennschon. Die Zeit der halben Sachen war vorbei. Und weil ich an der Tür viel Bewunderung für das Tattoo erntete, kamen sehr bald weitere Motive hinzu. Ein Drache auf der Brust, ein weiterer Schriftzug an der Hüfte, Sterne auf Schulter und Leiste. Tattoos gehörten ab jetzt dazu. Ein neues Zeitalter war angebrochen: das Zeitalter der Türsteherei.

Schon nach meinen ersten Wochenenden in der *WBM* hatte sich in Mitte herumgesprochen, dass da ein neuer Mann in Aktion war, der frisch und idealistisch war, der nicht trank und keine Drogen nahm und gleichzeitig Erfahrung mit Kampfsport hatte. Damit war ich etwas Besonderes.

Die Berliner Türsteherszene bestand damals vor allem aus zwei Archetypen: denen, die gut aussahen und reden konnten, die aber keine Ahnung hatten, wie man sich prügelte. Und den brachialen Bouncern wie Schnalle, die lieber ein paarmal zu oft die Fäuste schwangen, als sich die Butter vom Brot nehmen zu lassen. Ich hatte von beiden Seiten etwas. Als Hamburger war ich viel machohafter unterwegs als die Berliner Schönlinge, die es gern luschig und ruhig angehen ließen, trotzdem hatte ich mit meinem Schauspielschul-Background ein Gefühl für die Sprache und Werte der kreativen Szene, die sich in den Mitte-Clubs tummelte. Das sprach sich rum. So wurden mir bald weitere Jobs angeboten. Hungrig, wie ich war, griff ich zu – und bekam allmählich eine Ahnung davon, was es bedeutete, in Berlin Türsteher zu sein.

Das erste Mal kam mir der Begriff »Opinion Leader« unter, als ich für eine Künstlerveranstaltung im Prenzlauer Berg angeheuert wurde. Das Event fand im alten Volksbad an der Oderberger Straße statt, einem imposanten Bau aus dem Jahr 1902. Wegen Rissen im Beton war der Schwimmbetrieb schon zu DDR-Zeiten eingestellt worden, Mitte der Neunziger hatte auch die Sauna geschlossen. Stattdessen fanden im leeren Pool jetzt Partys statt. Diese hier sollte exklusiv und hip sein, aber nicht protzig wirken, denn protzig kam beim Mitte-Publikum nicht gut an.

Für mich war das Ganze erst mal nur ein Job wie jeder andere, doch ich begriff bald, dass mehr dahintersteckte. Hier wurde ein Image bedient. Einerseits war es eine Großveranstaltung mit 1000 Leuten, andererseits sollte der Nimbus des szenig Elitären kultiviert werden, der Künstlertreffs wie die *WBM* auszeichnete, weil die Zielgruppe die gleiche war. Es war also ein kluger Schachzug, einen Mann an die Tür zu stellen, den diese Zielgruppe bereits kannte.

Im Grunde war das nichts anderes als ein Besetzungs-Coup beim Film: Man arbeitete mit bekannten Gesichtern.

Gleichzeitig musste etwas Neues hinzugefügt werden, das die Identität der Veranstaltung unterstrich. In diesem Fall geschah das auf die denkbar simpelste Weise: Man verpasste mir neue Klamotten.

Als ich in Berlin angekommen war, hatte ich nicht viel mehr im Gepäck gehabt als eine schwarze Trainingsjacke, zwei alte Trainingshosen in der gleichen Farbe, zwei Unterhemden, zwei Unterhosen und ein Paar Adidas-Superstars. Bei dieser Ausstattung war es seither geblieben. Um mir Klamotten zu kaufen, hatte ich nie genug Geld, außerdem gab es keinen Grund, etwas zu ändern. Denn auch wenn ich mit meinem Outfit nie ein modisches Konzept verbunden hatte, passte es zum sportlich-infantilen Chic der Mitte-Boheme wie die Faust aufs Auge.

Ich war trotzdem hellauf begeistert, als der Veranstalter der Schwimmbadparty anbot, dass ich mir für das Event neue Klamotten aussuchen könne. Und ich war noch begeisterter, als er mich durch die schicken Flure seiner Agentur in der Rosenthaler Straße in einen Showroom führte, in dem von Yamamoto bis Adidas alles hing, was cool und teuer war. Mit den Worten »Such dir einfach was aus, das dir gefällt« wurde ich mir selbst überlassen. Ich fühlte mich wie ein Kind im Bonbonladen. Hier fehlte von Schuhen bis zum Cap nichts, was man zum Einkleiden brauchte, und statt billiger Stangenware gab es ausschließlich Designerkleidung. Anfangs misstraute ich dem Ganzen ein bisschen. Nicht dass ich am Ende doch noch bezahlen musste. Andererseits war hier nirgends eine Kasse zu sehen, und das Angebot war eindeutig gewesen. Ich entschied mich also für einen weißen Adidas-Anzug plus dazu passenden Schuhen und zwei T-Shirts. Beim Verabschieden erkundigte ich mich vorsichtshalber noch mal: »Und das Zeug kann ich echt behalten?«

»Logo«, lautete die Antwort. »Das sind Promo-Samples von neuen Kollektionen, die erst im Herbst in die Läden kommen. Wir benutzen die normalerweise für Editorials und Fotoshootings, aber unsere Opinion Leader können sie natürlich so haben. Viel Spaß damit.«

Ich fragte nicht nach, was genau unter Opinion Leader zu verstehen war. Aber ich nahm wohlwollend zur Kenntnis, dass ich offenbar für einen gehalten wurde. Dass ich mich damit in gewisser Weise selbst zum »Promo-Sample« degradierte, war mir in dem Moment nicht klar. Stattdessen trug ich die Tüte mit meinen Designertrophäen in heiliger Andacht nach Hause und freute mich wie ein Schneekönig, dass ich Klamotten abgegriffen hatte, die insgesamt locker einen Wert von 500 Mark hatten.

Bei der Party in der Oderberger stand ich dann stolz wie Bolle mit meinem weißen Anzug und den neuen Schuhen an der Tür und tat, ohne mir darüber bewusst zu sein, genau das, was man von einem Opinion Leader erwartete: Ich gab jedem, der sich nach meinem Outfit erkundigte, bereitwillig Auskunft, dass das die neue Kollektion sei und dass sie erst im Herbst in die Läden kam. Allerdings nur am Anfang. Sehr bald hatte ich andere Sorgen, als über meine Klamotten zu reden, denn der Job war eine anspruchsvollere Nummer als die *WBM*-Tür. Eigentlich war es völlig unverantwortlich von den Veranstaltern, mich damit alleine zu lassen. Zwar gab es auch hier eine Gästeliste, aber der größere Maßstab, das Wegfallen des Schlüsselprinzips und der daraus resultierende Mangel an Homogenität des Publikums erschwerte die Kontrollierbarkeit der Situation erheblich.

Während in der *WBM* jeder jeden kannte und man auch in stressigen Situationen unter Freunden blieb, dominierten jetzt Unbekannte das Bild. Zum ersten Mal in meiner

Karriere als Türsteher musste ich mich auf meine Instinkte verlassen. Ich musste abwägen, wen ich einfach durchwinkte und wen ich filzte, ich musste ein Gespür dafür entwickeln, welche Leute eine gute und welche eine destruktive Energie mitbrachten, und ich musste Leute wegschicken, die schon bei der Ankunft so breit waren, dass sie nicht mehr geradeaus gucken konnten.

Ironischerweise kam mir meine Schauspielausbildung, der ich ja mit der Türsteherei gerade den Rücken gekehrt hatte, dabei zugute. Beim Rollenstudium hatte ich ein Gespür dafür entwickelt, Leute richtig einzuschätzen und Situationen, die kippen, rechtzeitig zu erkennen. Das half mir jetzt. Vor Ärger bewahrte es mich allerdings nicht.

Um drei Uhr nachts war die Party in vollem Gange, die Zahl der Neuankömmlinge wurde geringer, dafür gingen immer mehr Gäste. Vor dem Bauzaun neben dem Gebäude sammelten sich Leute, die rauchten, tranken und berieten, wohin sie weiterziehen wollten. Darunter auch ein Vierertrüppchen mit einem sturzbesoffenen Schreihals, der irgendwann beschloss, wieder zurück auf die Party zu wollen, woran ich ihn mit einem freundlichen, aber bestimmten »Feierabend für heute« hinderte.

Da wurde er aggressiv. Fünf Minuten lang tänzelte er zwischen seiner Truppe und mir hin und her und rief immer wieder: »Los, wir boxen, los, wir boxen!« Als seine Kumpels auch noch anfingen, ihn anzufeuern, wurde er mutiger und versuchte, mich zu provozieren, indem er direkt vor meiner Nase herumsprang. Er schaffte, was er erreichen wollte. Ich verlor die Geduld und wurde allmählich wütend. Doch ich ließ mir nichts anmerken. Ich wollte mich nicht von seinem kindischen Verhalten aus der Reserve locken lassen, und ich wollte vor allem keine Gewalt. Ich war zwar Türsteher, aber an meinem Vorsatz hatte sich nichts geändert. Also ignorierte ich ihn. Wahrscheinlich hätte ich dieses Spielchen auch noch eine ganze Weile durchgehalten, wenn der Idiot nicht einen Fehler begangen hätte: Er berührte mich. Beziehungsweise meinen neuen weißen Trainingsanzug, mein Heiligtum. Das war zu viel.

Mit einer pfeilschnellen Bewegung packte ich den Schreihals im Bowling-Griff, schleuderte ihn gegen den Bauzaun und schrie: »Na los, dann box mal, box mal!« Als Antwort bekam ich nur die aufgeregten »Stopp mal! Loslassen!«-Rufe seiner Kumpels zu hören, die eben noch eine dicke Lippe riskiert hatten. Der Idiot selber gab nur ein jämmerliches Winseln von sich, das auch nicht aufhörte, als ich ihn bereits hatte fallen lassen und er sich hilflos auf dem Betonboden wand.

Sofort hatte ich ein schlechtes Gewissen. Der Bowling-Griff war eine schmerzhafte Angelegenheit. Man drückte dabei den Daumen ins Auge und presste den Kopf nach unten. Wenn der Griff saß, schaltete man den Gegner damit von einer Sekunde auf die andere aus. In diesem Fall hatte das eindrucksvoll geklappt. Eine Machtdemonstration, die ihre Wirkung nicht verfehlte. Als ich zurück auf meinen Platz ging, herrschte Totenstille. Die Leute, die vorher ausgelassen getrunken und geraucht hatten, wichen ehrfurchtsvoll zurück, keiner wagte es, etwas zu sagen. Ich war derweil damit beschäftigt, mir nicht anmerken zu lassen, wie aufgewühlt ich war. Innerlich bebte ich. Es war das erste Mal, dass ich meine Kampfkunstlehren außerhalb des Trainings angewendet hatte. Zumindest in Berlin. Damit hatte ich meine selbst gesteckten Grenzen verletzt. Dass der Idiot die Lektion verdient hatte, war in diesem Moment erst mal zweitrangig.

Am Ende war es ausgerechnet einer der Kumpels des Schreihalses, der das angespannte Schweigen durchbrach.

»Krass, was war das denn?«, fragte er und näherte sich mir dabei vorsichtig von der Seite. »War das Kampfsport?«

»Ja«, antwortete ich tonlos. »Das war Escrima.«

Dann zückte ich eine meiner Visitenkarten, von denen ich immer ein paar in der Hosentasche hatte, und hielt sie ihm hin: »Kannst ja mal zum Training kommen.«

Er nahm die Karte zögernd an sich, stolperte rückwärts und machte sich kleinlaut mit seinen Freunden und dem wimmernden Gernegroß aus dem Staub. Mir war von vornherein klar, dass er nicht zum Training kommen würde. Womit ich dagegen nicht gerechnet hatte, war der durchschlagende Effekt meiner kleinen Machtdemonstration. Ich wurde in dieser Nacht noch mehrfach darauf angesprochen, und auch darüber hinaus machte die Nachricht von dem Vorfall im Eiltempo die Runde. Beim nächsten Fehlbon im *103* wusste Sebastian bereits, was passiert war, bei meiner nächsten *WBM*-Schicht sprachen mich Harry und Martin drauf an. Bald bekam ich sogar von Fremden zu hören: »Ach, bist du der mit dem Bowling-Griff?«

Das hatte zur Folge, dass fortan ständig mein Telefon klingelte. Schon tagsüber wurde ich in alle möglichen Restaurants, Bars und Cafés gerufen, wenn dort Leute Ärger machten. Die Ironie war perfekt. Nach meinem Bekenntnis zu einem gewaltfreien Leben in der Berliner Boheme waren ausgerechnet Escrima und der Bowling-Griff zu meinem Kapital geworden. Weil ich gutmütig genug war, folgte ich den Hilferufen immer, auch wenn sie bedeuteten, dass ich nicht ausschlafen konnte. Und dass sie jedes Mal mit der Sorge verbunden waren, doch mal an jemanden zu geraten, dem ich nicht gewachsen war. Es gab Tausende von Kerlen in der Stadt, die stärker waren als ich. Für mich selbst war der Ruf von Unbesiegbarkeit, der mir auf einmal vorauseilte, ein Witz. Ich war auch nicht scharf auf ihn. Weil er schlussendlich bedeutete, dass die Leute von mir erwarteten, dass ich ihm gerecht wurde, mich also prügelte. Genau das wollte ich nicht.

Dass ich den Hilferufen trotzdem immer wieder folgte, hatte mit dem schönen Gefühl zu tun, gebraucht zu werden. Dem Gefühl, helfen zu können, und dabei letztendlich zum Frieden beizutragen. Dafür nahm ich in Kauf, dass ich meine eigenen Gesetze brach. So hatte ich bald den Ruf als »Schlichter« von Mitte weg. Ein Kompromiss, mit dem ich leben konnte. Und auch meine Position als Opinion Leader festigte sich dadurch erheblich. Ich sollte noch viele Gratis-Outfits geschenkt bekommen. Sehr viele!

17

Vier gewinnt, einer verliert

Sommer im Weinbergspark! Das hieß Vollbeschäftigung. Alle hatten was zu tun. Die Dealer, die im Schatten der Bäume Drogen vertickten. Ihre Kunden, die die Drogen entweder direkt vor Ort oder in einem der verrotteten Hinterhöfe in der Umgebung wegschluckten, -schnieften oder -rauchten. Die Mädchen, die dicht an dicht auf der Wiese lagen und sich im Scheinwerferlicht der Sonne in Pose warfen. Und natürlich der Professor und ich.

Wir waren an Tagen wie diesen überbeschäftigt. Der Weinbergspark war unser Acker, und der musste bestellt werden. Das hieß, dass wir am Nachmittag hier aufschlugen – der Professor mit seinem klapprigen roten Diamantfahrrad ohne Schutzblech, ich zu Fuß –, uns hinhockten und observierten. Für uns war der Park ein blühendes Panorama aus duftenden Leibern und weiblichen Kurven. Das Wasserbecken am Rand der Wiese (die Berliner nannten es Plansche) war unser persönlicher Himmel, in den wir uns jederzeit hineinstürzen konnten. Die Wege drum herum waren der Laufsteg, auf dem die Leiber und Kurven in Schwingung versetzt wurden, damit wir sie begutachten konnten. Welche Früchte waren reif? Welche waren überreif? Welche mussten noch gepäppelt werden? Das waren Fragen, die wir diskutierten. Jeden Tag aufs Neue stritten, glotzten und schwitzten wir so lange, bis irgendwann der Knoten platzte und einer von uns aufsprang.

Diesmal war es der Professor, der zuerst losrannte, um mir zu beweisen, dass die Frau, die gerade drüben an der Plansche stehen geblieben war, nur darauf wartete, von ihm erobert zu werden. Eigentlich konnte man sie gar nicht richtig erkennen. Sie war nicht mehr als eine grazile Silhouette, die sich im Wasser spiegelte. Ein flimmerndes Versprechen im Gegenlicht der Sonne. Aber darum ging's nicht. Es ging darum, dass ich hinterherrannte. Das gehörte zu unserem ständigen Wettlauf. Immer musste einer den anderen übertrumpfen – im Gespräch, bei den Frauen, in der Jagd nach dem nächsten Glücksmoment.

Das war unsere Art, einander zu zeigen, wie sehr wir uns mochten. Wir überflügelten einander, um am Ende gemeinsam einen neuen Gipfel der Freiheit zu erreichen, nach der wir so süchtig waren. Ob wir dabei vor der Realität wegrannten? Vielleicht. Aber der Weinbergspark war sowieso nicht die Realität. Er war ein vibrierendes, in der Sommerhitze glühendes Refugium inmitten des Abenteuerspielplatzes Berlin-Mitte.

Wir rasten also wie die Bekloppten durch Sonnenstrahlen und Marihuanawolken aufs Wasserbecken zu. Ein paar der Sonnenanbeter schrien erschrocken auf, als wir über ihre Körper hinweghüpften. Aber das hörten wir kaum, wir waren ja selber am Schreien.

»Na warte, diesmal schlag ich dich!«, fauchte ich.

»Das werden wir ja sehen!«, fauchte der Professor zurück.

»Ich krieg sie!«

»Nein, ich!«

»Ich hab sie zuerst gesehen!«

»Mich hat sie zuerst angeguckt!«

»Nein, mich!«

Alles Weitere ging im Schäumen und Spritzen der Plansche-Fluten unter. Andere wären außen um das Becken herumgelaufen, um ihr Ziel zu erreichen. Dafür hatten wir keine Zeit. Wir sprangen gleichzeitig ins knietiefe Wasser, ruderten unbeholfen vorwärts und versuchten dabei, den anderen abzudrängen. Kurz bevor wir die Frau erreichten, die reglos dastand und zusah, wie der Zwei-Mann-Tsunami auf sie zurollte, stolperte der Professor. Fluchend plumpste er ins Wasser, während ich über den Beckenrand kletterte und mich klatschnass vor unserer Angebeteten aufbaute.

»Du verdienst was Besseres als den da!«, keuchte ich und deutete hinter mich auf meinen prustenden Freund. »Ich rate dir: Nimm mich!«

Im selben Moment ging hinter mir das Gemotze los: »Du Arschloch! Ich hab sie zuerst gesehen! Du hast kein Recht, dich zwischen uns zu drängen! Sie gehört mir!«

So war es immer. Wenn einer von uns den Wettlauf um eine Frau für sich entschieden hatte, war die Frau plötzlich Nebensache. Dann ging es nur noch um uns und unsere Rivalität. Mal warfen wir uns wüste Beschimpfungen an den Kopf, manchmal prügelten wir uns auch. Wenn wir damit fertig waren, hatten sich die Frauen oft aus dem Staub gemacht. Dann guckte der Professor so dümmlich und verdutzt, dass ich in lautes Gelächter ausbrach, in das er im nächsten Moment einstimmte. Damit war der Gleichstand zwischen uns wiederhergestellt, und wir waren bereit für die nächste Schlacht.

Doch diesmal war es anders. Die Frau am Beckenrand haute uns mit einer Frage um, die uns zeigte, wie weit uns unser irres Verhalten in den vier Monaten unserer Freundschaft gebracht hatte. Sie legte den Kopf zur Seite, sah erst mich und dann meinen aus dem Wasser krabbelnden Freund an und fragte, ohne mit der Wimper zu zucken: »Seid ihr Frank und Michel?«

Es war nicht einfach, uns zum Schweigen zu bringen. Doch mit dieser Frage gelang es. Der Hundeblick des Professors glitt stumm zwischen mir und der Frau hin und her, mir fiel die Kinnlade runter, und ich brauchte eine Weile, bis ich stammeln konnte: »Äh … Ja! Woher weißt du das?«

»Ich bin gerade nach Mitte gezogen«, lächelte sie. »Meine Freundin hat mich direkt vor euch gewarnt.«

Jetzt fand auch Frank die Sprache wieder. Seine Stimme überschlug sich, als er schrie: »*Was* hat deine Freundin getan?«

»Sie hat sie gewarnt!«, kam ich der Frau zuvor. »Vor uns.«

»Dich hab ich nicht gefragt.«

»Aber stimmt doch, oder?«, wandte ich mich wieder an sie.

Ein Nicken und ein Lächeln waren die Antwort. Sie war hübsch, hatte große strahlende Augen und einen schönen vollen Mund. Die schwarzen Haare hatte sie hochgesteckt, wodurch ihre braun gebrannten, fragilen Schultern zur Geltung kamen. Unter dem blauen Sommerkleid trug sie keinen BH. Ich hätte ewig hier knien bleiben und sie ansehen können. Da näherte sich von hinten eine weitere Frau, die rief: »Rosa, können wir weiter?«

»Bin gleich da«, antwortete das Sommerkleid, ohne den Blick von uns abzuwenden. Rosa! Der Name passte zu ihr! Er klang in meinen Ohren wie ein warmer, sehnsüchtiger Gesang.

»Ist das die Freundin, die dich gewarnt hat?«, keifte der Professor.

»Kann schon sein«, antwortete Rosa verschmitzt. Dann wendeten sich ihre strahlenden Augen ab, und das Sommerkleid schwebte mit einem hingehauchten »Macht's gut, Jungs, wir sehen uns« davon. Ich war bezaubert von dem

Anblick, aber unfähig, sie zurückzuhalten, auch wenn ich es gerne getan hätte. Doch der Professor ließ nicht locker.

»Und das war's jetzt?«, brüllte er den beiden hinterher. »Dafür haben wir uns abgekämpft? Für einen Rufmord und ein dünnes ›Macht's gut‹? Seid ihr lesbisch, oder was?«

»Gib's auf«, sagte ich, während Rosa langsam wieder zu dem wurde, was sie vor dem Zwei-Mann-Tsunami gewesen war: zu einer Silhouette im Gegenlicht der Sonne. »Die kommt nicht wieder«, sagte ich zum Professor und wünschte ich mir insgeheim, dass das ungeschriebene Gesetz, dass man sich in Mitte ungefragt immer wieder über den Weg lief, auch in diesem Fall zutraf. Doch Frank hatte andere Sorgen.

»Alter, hast du gehört, was die gesagt hat?«, schrie er. »Ihre Freundin hat sie vor uns *gewarnt*. Was soll das denn heißen?«

»Wahrscheinlich, dass wir berühmt sind.«

»Ich will aber nicht berühmt sein!«

»Dann hör auf, in der Gegend rumzuficken.«

Er lachte laut los: »Das sagt der Richtige.«

»Ich mein ja nur ...«

»*Gewarnt,* ich glaub, ich spinne.«

»Los, komm, wir gehen Kaffee trinken.«

»Ich will aber keinen Kaffee, ich will die Lady. Oder meinst du, die war wirklich lesbisch?«

»Nö, aber sie gehörte sowieso mir.«

Wieder lachte er verächtlich. Dann standen wir auf und schleppten unsere triefnassen Körper zur Casting-Allee, wo wir uns vorm *Galao,* unserem neuen Stammcafé, in die Sonne setzten und trocknen ließen.

Dabei diskutierten wir. Über den Ruf, den wir uns erarbeitet hatten. Über unsere Pläne für den Abend. Über die Models, die vorbeiliefen. Und darüber, wie viele von ihnen man an einem Tag in die Kiste kriegen konnte, ohne dabei schlappzumachen. Ich war der Meinung, dass drei reichten. Aller guten Dinge waren nun mal drei! Der Professor hingegen war steif und fest davon überzeugt, dass mindestens vier drin sein mussten. Sein Motto lautete »Vier gewinnt«. Ob er diese Dinge ernst meinte oder nur sagte, um mich zu übertrumpfen, wusste ich nie so genau. Es war auch egal. Hauptsache, die Grundlagen für einen neuen Battle waren gelegt.

Insgeheim begann ich zu überlegen, wie sich das mit den vier Frauen am besten organisieren ließe. Denn auch wenn ich mit einer niedrigeren Anzahl in die Wette eingestiegen war, wollte ich natürlich doch die höhere erreichen. Und ich wollte dem Professor dabei zuvorkommen. Falls es nicht klappte, konnte ich mich immer noch auf mein eigenes Dreiergebot zurückziehen. Eine Win-win-Situation quasi. Aber dieses Wort benutzte damals noch keiner.

Da wir uns bei aller Symbiose nicht ständig gegenseitig kontrollieren konnten, entwickelten der Professor und ich spezielle SMS-Codes. Das war praktisch, es war diskret, und es war vor allem modern. In unserem Bekanntenkreis war es noch lange nicht Standard, dass jeder ein eigenes Handy besaß. Wir dagegen hatten beide eins – der Professor ein klotziges Motorola, bei dem er vorm Abnehmen immer erst eine Antenne rausziehen musste, ich ein Klappmodell, bei dem die Antenne fest verschraubt war. Anfangs telefonierten wir nach jeder Eroberung oder schrieben lange Nachrichten, in denen wir dem anderen berichteten, wie es gelaufen war. Aber das ging auf Dauer zu sehr ins Geld, deshalb entwickelten wir einen knappen, aber eindeutigen Code: Ein »+« stand für »Ich hab mit ihr geschlafen«, ein »–« stand für »Ich hab's verkackt« und »++« stand für »Ich hatte Analverkehr«. Von jetzt an geriet ich bei jedem

SMS-Piepsen in Zugzwang. Immer befürchtete ich, dass der Professor mir mit einem »Vier gewinnt« zuvorgekommen war.

Doch es war eine andere SMS, die die Idylle des Sommers ins Wanken brachte. Sie lautete schlicht: »Lara Marie wurde gestern um 14 Uhr mit einem Gewicht von 2798 Gramm geboren«. Der Name Lara ließ bei mir sofort sämtliche Alarmglocken schrillen. Ich versuchte zunächst, mir einzureden, da hätte jemand vielleicht die falsche Nummer erwischt. Eine Schutzreaktion, die jedoch schon bald von den Fakten weggewischt wurde. Es war ziemlich genau acht Monate her, dass Lara mich aus ihrem Leben geschmissen hatte, also neun Monate nach unserem ersten Treffen in ihrer Wohnung. Es musste schon mit dem Teufel zugehen, wenn hier ein Missverständnis vorlag.

Drei Tage lang drückte ich mich davor, die Nummer, von der die SMS gekommen war, zurückzurufen. Ich versuchte, die Hoffnung niederzukämpfen, die die Nachricht in mir aufkeimen ließ. Ohne Erfolg. Der Gedanke an eine eigene Familie begleitete mich jetzt wieder auf Schritt und Tritt. Was, wenn wir noch mal zueinanderfanden? Was, wenn ich die Chance auf meine eigene Version des Mutter-Vater-Kind-Mythos doch noch ergreifen konnte? Was, wenn mein Leben durch ein eigenes Kind einen neuen, viel tieferen Sinn bekam, als jeder Kampf und jede Fickerei sie mir zu geben imstande waren? Bevor diese Fragen mich auffraßen und eine weitere Abfuhr von Lara mich ins Bodenlose gestürzt hätte, brauchte ich Gewissheit.

Tatsächlich nahm Lara ab. Es war gleichzeitig schön und verstörend, ihre Stimme zu hören. Klang in ihr nicht ein Hauch der alten Wärme mit, die unsere drei glücklichen Wochen begleitet hatte? Wohl nicht. Sie machte schnell deutlich, dass sie keine Wiederaufnahme einer Beziehung in Betracht zog. Trotzdem wollte sie, dass ich die Vaterschaft anerkenne. Als sie anfing, von »unserer Tochter« zu sprechen, überspülten mich diese Worte mit einer weichen, wärmenden Welle der Euphorie. Zwar hatte meine Vorstellung von der eigenen Familie in der Fantasie anders ausgesehen, aber war das nicht meistens so, wenn Träume wahr wurden? Dass sie ihre Form änderten und in der Realität eine andere Gestalt annahmen? Konnten wir nicht auch so eine Familie sein? Mit Lara als Mutter und mir als Vater, der das Kind ab und zu besuchte und aufwachsen sah?

Ich stimmte einem Gerichtstermin zu, bei dem ich meine Vaterschaft mit einer Unterschrift besiegeln sollte. Eine Formalie. Trotzdem zersprang ich fast vor Aufregung, als ich zu dem Treffen kam. Nicht nur sah ich Lara dort nach acht Monaten zum ersten Mal wieder, ich begegnete auch zum ersten Mal meiner eigenen Tochter. Sie war wunderschön. Ein strahlendes Baby mit einem entwaffnenden Lächeln. Ich schmolz dahin. Meine Unterschrift setzte ich wie im Traum unter das Dokument. Mir war klar, dass meine Tochter einen neuen Lebensabschnitt einläutete. Dass ich mein Leben umstellen musste, um sie regelmäßig sehen zu können. Ich war zu allem bereit, wenn ich dafür nur das entwaffnende Lächeln der kleinen Lara Marie wieder und wieder sehen durfte.

Doch ich wurde unsanft aus meinen Träumen gerissen. Nach der Unterschrift bat mich die Richterin mit harter Stimme und plötzlicher Kälte im Blick, den Raum zu verlassen, da sie alleine mit der Mutter sprechen müsse. Ich folgte der Anweisung. Während ich auf dem Gang wartete, fragte ich mich, was es zu besprechen gab, aber ich war zu aufgedreht, um auch nur einen klaren Gedanken zu fassen. Nach fünf Minuten wurde ich wieder hereingebeten. Danach erfror alles.

Die Richterin erklärte mir, dass das Anerkennen der Vaterschaft nicht zwangsläufig einen Erwerb des Sorgerechts darstellte. Dass Lara das alleinige Sorgerecht für das Kind übernehmen würde. Und dass das bedeutete, dass ich als Vater kein Recht darauf hatte, meine Tochter zu sehen. Lara stand daneben und nickte kalt. Wieder kam sie mir aschfahl vor wie damals kurz vor unserer Trennung. Beim letzten Blickkontakt mit meiner Tochter gab es kein entwaffnendes Lächeln mehr. Lara Marie sah mich mit ihren großen unschuldigen Augen an, und es kam mir vor, als wollte sie mich trösten.

Für ein paar Augenblicke schaffte sie es. Der Trost ließ erst nach, als ich draußen auf der Straße stand. Allein, verlassen, um eine bittere Erfahrung reicher – und um die Erinnerung an ein Lächeln, das mich mein Leben lang nicht mehr loslassen würde.

18
Peng!

Nach dem Gerichtstermin schmiss ich mich total weg. Statt mich zurückzuziehen und den Verlust von Lara Marie und die Zurückweisung durch ihre Mutter zu verarbeiten, stürzte ich mich von einer Affäre in die nächste, und ich betäubte meine verletzten Gefühle, indem ich Russisch Roulette mit ihnen spielte. Sobald ein Moment der Besinnung einkehrte, durchbrach ich die Stille durch Aktionismus.

Dabei half mir der Professor. Wir lagen jetzt mehr denn je auf einer Wellenlänge. Frank wirkte auf mich oft, als ob er resigniert hätte. Vom Leben und den Menschen enttäuscht, nur noch zum Zynismus fähig, der ihn dazu befähigte, seinen eigenen Schwächen laut ins Gesicht zu lachen. Auch er war auf der Flucht, obwohl ich nie richtig verstand, wovor. Wenn er sich nicht gerade mit Frauen ablenkte, schüttete er sich mit Arbeit zu. Er kam nur zur Ruhe, wenn sein Körper ihn ausbremste – wenn er sich erkältete, was ziemlich genau alle zwei Wochen passierte. Dann legte er sich in Embryonalhaltung ins Bett, nuckelte am Daumen und ließ sich von der kleinen Standheizung in seiner winzigen Wohnung wärmen. Zwei Tage lang, manchmal drei. Danach war er wieder zur Stelle und vor Energie kaum zu bremsen.

Es war ein ambivalentes Gefühl von Vertrautheit und Getriebenheit, das ich in seiner Gegenwart empfand. Ich mochte das Gefühl, dass er, der Jäger, mich an seiner Seite als Ebenbürtigen akzeptierte. Das bedeutete mir viel mehr als die Fickerei. Aber es setzte mich auch unter Druck. Ich musste mir seine Anerkennung immer wieder neu erarbeiten. Indem ich ihn übertrumpfte. Das war von Anfang an so gewesen, aber nach dem Verlust meiner Tochter wurde es umso wichtiger.

So war das Erste, was ich nach der Demütigung vor Gericht in Angriff nahm, nicht etwa eine Rechtsberatung, die Analyse des Vorfalls oder das Verarzten meiner seelischen Wunden. Nein, ich füllte die Leere, indem ich mich der lächerlichsten aller Herausforderungen stellte: dem Vier-gewinnt-Battle. Das bot sich an. Denn die Zickenwiesen-Party stand bevor.

Die Zickenwiese lag in der Nähe der *WBM*-Bar an der Chausseestraße. Sie hatte diesen Spitznamen, weil hier zu Ostzeiten das Stadion der Weltjugend gestanden hatte, das bis in die Siebzigerjahre Walter-Ulbricht-Stadion geheißen hatte, dessen Namensgeber wiederum für seinen Zickenbart berühmt gewesen war. Das Stadion war Anfang der Neunziger abgerissen worden. An gleicher Stelle hatten Neubauten für die Olympischen Spiele 2000 entstehen sollen, für die sich Berlin beworben hatte, doch die Bewerbung war gescheitert. So war eine über 100 000 Quadratmeter große Brachfläche zurückgeblieben, die nun provisorisch für Sportveranstaltungen, als Golfplatz oder eben für Partys genutzt wurde. Jahre später sollte der BND auf der Wiese seine neue Zentrale bauen, aber jetzt war sie noch einer der zahllosen Freiräume Ostberlins, die ihren Namen wirklich verdienten. Martin und Harry planten dort eine große Sommersause, ein *WBM*-Special, für das sie sich mit den Machern des *Fun-Clubs* zusammentaten, einer weiteren Clubinstitution von Mitte – nicht zu verwechseln mit der gleichnamigen Diskothekenkette.

Für das Event legten sie sich richtig ins Zeug. Es wurden

Kooperationen mit Sponsoren eingefädelt und die besten DJs Ostberlins engagiert. Trotzdem behielt alles seinen eigentümlich improvisierten und unfertigen Charme. Die Höhle der *WBM*-Bar wurde unter freien Himmel verlegt und das elitäre Stammgastprinzip durch eine handverlesene Gästeliste auf die Spitze getrieben. Letztere hielten Harry und Martin bis zum Schluss geheim, aber ich kannte die beiden inzwischen gut genug, um zu wissen, was mich erwartete.

Ich machte den Einlass zusammen mit Marcus vom *Cookies*. Vielleicht war es das erste Mal, dass mir bewusst wurde, welchen Status ich in der Szene inzwischen innehatte. Vielleicht war es auch das erste Mal, dass Marcus dämmerte, dass ich seiner Position als Türsteherkönig von Mitte gefährlich werden könnte. Seit unserer Begegnung bei der Regenwurmrettung waren wir uns mit professioneller Höflichkeit begegnet. Wenn er zur *WBM* kam, begrüßten wir uns mit Handschlag, wenn ich mit Sebastian und dem Professor ins *Cookies* feiern ging, war es genauso. Auch das Konkurrenzgefühl in Bezug auf Sophie hatte sich erledigt, weil sie auf einmal nicht mehr aufgetaucht war. Erst bei der Zickenwiesen-Sause flammte es wieder auf. Allerdings nicht bei mir, sondern bei Marcus.

Irgendwas lag in der Luft an diesem Samstag. Es war, als ob die Niedergeschlagenheit, die mir seit der Sache mit Lara auf Schritt und Tritt folgte, Urlaub genommen hätte. Ich war wahnsinnig motiviert, ich hatte gute Laune, ich war in meinem Element. Da die Veranstaltung schon nachmittags losging, herrschte eine luftige, strandmäßige Atmosphäre. Der blaue Himmel über uns und die sandigen Brachen um uns herum erzeugten eine Stimmung, die typisch war für Berlin im Sommer. Alles glühte und flimmerte, die Seele wurde weich, und das Herz wurde weit.

Als dann die ganzen schönen Frauen eintrudelten, konnte ich nicht anders, als mich etwas überdreht und von meiner charmantesten Seite zu zeigen. Das beeindruckte irgendwie alle, die Frauen genauso wie die Kerle, die Mitwirkenden genauso wie die Gäste. Am meisten allerdings wohl mich selbst. Ich war mir nie wie der große Checker bei den Frauen vorgekommen, und auch wenn ich in Gegenwart des Professors regelmäßig eine ganz andere Seite von mir zeigte, war ich im Grunde noch immer der schüchterne Bengel, der verlegen auf den Boden guckte, sobald er einer schönen Frau begegnete. Doch an diesem Tag war meine Unsicherheit wie weggeblasen. Nie war mir Flirten leichter gefallen, und nie war ich dabei dermaßen erfolgreich gewesen. Während Marcus mit seiner demonstrativ gelangweilten Art lediglich Arbeitsstunden abriss, wickelte ich in meiner aufgekratzten Stimmung eine Lady nach der anderen um den Finger. Anfangs nur mit netten Unverbindlichkeiten, nachdem die Sonne untergegangen war, mit konkreten Verabredungen im Dienste meiner Vier-gewinnt-Mission. Eine so günstige Gelegenheit würde sich dafür so schnell nicht wieder bieten.

So unterteilte ich die Tage der nächsten Woche in Date-Mahlzeiten. Wenn ich merkte, dass eine schöne Frau Interesse zeigte, schlug ich vor: »Wir könnten doch nächste Woche mal zusammen frühstücken!« Willigte sie ein, einigten wir uns auf einen Tag, und das Date war geritzt. War sie kein Frühstückstyp, konnten wir immer noch auf Brunch, Kaffeetrinken oder Abendessen ausweichen. Jeweils bei mir zu Hause, versteht sich. Es lief nicht schlecht, allerdings auch nicht total rund. Daran waren die Eigenheiten und die Terminpläne der Frauen schuld. Dennoch: Kurz bevor ich Schluss hatte, war am Montag nur noch das Abendessen frei, am Dienstag der Brunch und der Kaffee und am Mittwoch das Frühstück. Das war ganz ordentlich, aber es war noch kein Freischein für eine Vier-gewinnt-Reihe.

Doch dann passierte Folgendes: Sophie kam. Die schöne Sophie, die von Martin den Schlüssel bekommen hatte, der eigentlich für mich bestimmt gewesen war. Sophie, wegen der Marcus in meiner ersten Nacht an der Tür extra in die *WBM* gekommen war. Sophie, für die alle schwärmten und nach der sich auch jetzt sämtliche Männerhälse reckten, inklusive dem von Marcus. Sophie, das besonders schöne Model.

Meine Knie wurden weich, und ich wurde nervös. In den letzten Wochen war sie nicht in der Bar gewesen, und ich hatte überhaupt nicht mit ihr gerechnet. Jetzt stand sie vor mir. Nicht vor Marcus, dem sie zur Begrüßung nur kurz zugewinkt hatte. Nein, sie stellte sich demonstrativ zu mir und war offenbar in Plauderstimmung. Ich bekam nur die Hälfte von dem mit, was sie da von Job und Reise und Shooting erzählte, so betört war ich von ihrer Stimme, ihrem Augenaufschlag und ihrer feinen Gestik. Als sie irgendwann beiläufig das Wort »Dinner« erwähnte, rutschte mir mit einem süffisanten Lächeln folgende Frage heraus: »Dinner hört sich wunderschön an. Mit dir?«

»'tschuldige, was hast du gesagt?«, fragte sie. »Hab dich grad nicht verstanden.«

»Ich meinte ...«, fing ich mich mühsam wieder und wurde rot. »Äh ... Das klingt total spannend. Wir könnten doch auch mal zusammen zu Abend essen.«

Sie stutzte und sah mich an. Ich dachte schon, ich hätte mich in meinem Übermut zu weit aus dem Fenster gelehnt. Doch dann sagte sie fröhlich: »Warum nicht? Wo denn?«

»Bei mir zu Hause?«

»Kochst du?«

»Klar.«

»Cool. Wie wär's mit Montag?«

»Klar, Montag ist okay.«

Es war Zufall, dass das Abendessen am Montag die einzige Mahlzeit war, die ich noch nicht verplant hatte. Und es war auch Zufall, dass sich mit dieser Verabredung die erste Vier-gewinnt-Reihe schloss. Bei Sophie hätte ich auch Ja gesagt, wenn sie vorgeschlagen hätte, dass wir uns in 20 Minuten vorm Tadsch Mahal treffen.

Als sie sich kurz darauf, bewaffnet mit meiner Adresse, ins Getümmel verabschiedete, sah Marcus zu mir rüber und sagte: »Alter, hast du ein Glück!« Egal, ob in diesen Worten Neid, Ungläubigkeit oder sogar Missgunst mitschwangen, eins konnte man ihnen auf keinen Fall absprechen: dass sie stimmten!

Dann kam der Montag. Und damit der Stress. Mein Selbstbewusstsein vom Wochenende hatte sich inzwischen wieder auf das Normalmaß eingependelt, deshalb war ich tierisch aufgeregt und hoffte insgeheim, dass eine oder zwei Frauen die Verabredung vergaßen. Aber das passierte nicht. Eine nach der anderen klingelte an meiner Wohnungstür. Und zu meiner eigenen Überraschung bekam ich eine nach der anderen dazu, mit mir zu schlafen. Immer mit der gleichen Masche. Wir saßen in der Wohnung am Helmholtzplatz am ungedeckten Esstisch, redeten ein bisschen, dann zeigte ich auf die Tür zum Nebenzimmer und sagte in meinem harmlosesten Tonfall: »Du, kann ich dir drüben mal was zeigen?«

Die Frühstücksfrau reagierte mit »Was denn?«, die Brunch-Frau mit »Ach, steht das Essen da drüben?« und die Kaffee-Frau mit »Ja, klar«. Ob sie wirklich so arglos waren, wie sie taten? Ich glaube es nicht. Denn hinter der Tür war natürlich nur das Schlafzimmer, wo ich jede Frau behutsam in den Arm nahm und aufs Bett warf. Danach ging das Gekicher los, und der Rest war Sex.

Nach dem ersten Mal war ich noch richtig euphorisch, dass es so reibungslos geklappt hatte. Mein »+« an den Professor schickte ich in Hochstimmung ab. Beim zweiten Mal war es dann schon Routine. Und beim dritten langweilte ich mich fast ein bisschen, weil das alles so einfach war. Andererseits fehlte mir inzwischen die Energie, mir was Neues auszudenken. Also bekam auch Sophie nur das Standardprogramm geboten. Auch sie fragte ich, ob ich ihr mal was zeigen könne. Und auch sie ging bereitwillig darauf ein und ließ sich von mir aufs Bett werfen.

Und was kam danach? Stunden wilder Leidenschaft? Der schönste Sex der Welt mit der schönsten Frau des Universums? Schön wär's. Stattdessen war es, als hätten mich meine Superkräfte verlassen. Ich war fahrig und ausgepowert, es dauerte ewig, bis ich überhaupt einen Ständer bekam, und als ich endlich einen hatte, rackerte ich mich auf der schönsten Frau des Universums ab, als wäre sie eine Zuchtstute. Meine Vorstellung war mit Hängen und Würgen ein »+« wert, das war's aber auch schon. Wenn ich mir vom Date mit Sophie mehr versprochen hatte als ein unverbindliches »Bis bald«, dann wurde ich enttäuscht. Und wenn ich gehofft hatte, dass sich mit einem »Vier gewinnt« mein Selbstwertgefühl steigern würde, dann war das ein Irrtum gewesen.

Vielmehr traf mich die Sinnfrage danach mit doppelter Wucht. In klaren Momenten ereilte mich das dumpfe Gefühl, dass ich dabei war, mein Leben so richtig zu verkacken. Mein Schauspieltraum hatte sich in einen Luftballon verwandelt, den ich fliegen lassen hatte, um ihn jetzt nur noch als unerreichbaren bunten Fleck in einem Himmel voller Wolken zu sehen. Statt meinem Familienwunsch durch das Anerkennen meiner Vaterschaft näher zu kommen, bezahlte ich für meine Unterschrift teures Lehrgeld, da mir aufgrund falscher Einschätzungen meiner Vermögensverhältnisse unverschämt hohe Unterhaltsforderungen in den Briefkasten flatterten.

Die seelische Niederlage drohte sich damit zusätzlich zum finanziellen Debakel auszuwachsen. Ich konnte mir nicht mal mehr meine eigene Krankenversicherung leisten. Der einzige Umstand, der diese Widrigkeiten ausglich, war, dass ich nach dem Riesenerfolg der Zickenwiesen-Sause als Türsteher gebucht wurde wie verrückt. Auf einmal kannten die Leute nicht nur mein Gesicht, sondern auch meinen Namen. Meine Karriere ging durch die Decke. Zwar nicht als Schauspieler, aber als Türsteher. Es hatte Peng gemacht.

19

Mein mächtigster Gegner

Schon nach der Schwimmbadparty mit dem Bowling-Griff hatte es mich irritiert, dass viele Leute mich auf einmal für unbesiegbar zu halten schienen. Natürlich widersprach ich ihnen nicht. Ich fügte mich in meine Rolle, gab den Unerschütterlichen und legte mir eine unsichtbare Rüstung aus gespielter Lässigkeit und Protzerei zu. Statt mich auf die Bretter des Theaters zu führen, wurde mein Alltag als solcher zur Bühne, mein Verhalten zu einer Fassade, die nicht nur der Aufrechterhaltung meines Rufs diente, sondern auch der Kaschierung des Chaos in meinem Leben. Denn unter der künstlichen Haut der Unerschütterlichkeit war ich ständig gestresst.

Neben Gutwettertüren wie der *WBM*-Bar gab es schließlich auch die schwierigen Türen. Bei Hip-Hop-Events gab es zum Beispiel immer Ärger, und es schepperte mehrmals am Abend so richtig, bei größeren Raves war es ebenso. In der Regel wusste ich im Voraus, wenn ich eine schwierige Tür vor mir hatte. Dann mauerte ich schon zwei Tage vorher, war für niemanden erreichbar und versuchte, meine Anspannung in Kraft umzuwandeln. Die brauchte ich, um unberechenbaren Situationen gegenübertreten zu können.

Wenn ich mich schließlich vor der Tür aufbaute, stand ich voll unter Strom und war aufmerksam wie ein Adler. Meine Angst ließ mich schon die leisesten Anzeichen aggressiver Tendenzen in der Menge spüren. Gleichzeitig unterdrückte meine Konzentration jegliche Panik und jede Aufregung, die mich hätte ablenken können. So war ich der Einzige, der ruhig blieb, als mein Kollege eines Abends plötzlich ein Messer am Hals hatte. Ich stand Leuten, die mich mit abgeschlagenen Flaschenhälsen bedrohten, eiskalt gegenüber und lächelte ihnen ins Gesicht. Ich stellte mich alleine fünf Typen in den Weg, nur um ihnen zu demonstrieren, dass ich ihre zahlenmäßige Überzahl im Handumdrehen durch moralische Überlegenheit niederringen konnte.

Im Grunde war es ganz egal, wer mir gegenüberstand. Die Störenfriede und Angreifer an der Tür waren austauschbar. Mein mächtigster Gegner war immer meine eigene Angst. Mit ihr focht ich einen irrwitzigen Kampf aus, den ich nur gewinnen konnte, wenn ich ihr zuvorkam. Sobald sie in mir hochstieg, ging ich in die Offensive und kämpfte sie dadurch nieder. Das war jedes Mal eine Überwindung, und es war jedes Mal ein kräftezehrendes Unterfangen, aber es funktionierte. Und es stumpfte mich mit der Zeit ab.

Nicht dass ich meine Ängste vollkommen abgeworfen hätte, aber ich wurde rauer im Umgang mit meinen Mitmenschen. Weil sie mich ohnehin auf dumpfe Gewalt reduzierten, gab ich ihnen vollendete Rohheit. Ich schickte Berufsverbrecher in die Wüste, ich wies Muskelprotze und Totschläger in ihre Schranken, ich war ständig in Lebensgefahr. Meist war mir das nicht unmittelbar bewusst, es wurde mir immer erst dann klar, wenn ich hörte, dass mal wieder ein Kollege im Prenzlauer Berg abgestochen worden war. Oder dass irgendwo eine wild gewordene Horde mit Eisenstangen und Macheten einen Club gestürmt hatte. Angesichts solcher Nachrichten tanzten in meinem Kopf die existenziellen Fragen: *Verdammt, was machst du hier eigentlich? Für wen riskierst du dein Leben? Um dir selbst was zu beweisen? Hast du nicht schon genug Erfahrungen im Grenzbereich gesammelt? Kannst du nicht irgendwann mal etwas Harmloses machen?*

Das Absurde war, dass die harmlosen Aufgaben an der Tür oft noch nervenaufreibender waren als die zupackenden. Gewalt mit Entschlossenheit zu begegnen oder zur Not mit Gegengewalt zu beantworten, war eine simple Gleichung. Viel belastender fand ich das hässliche Gefühl, einem harmlosen Gast Unrecht getan zu haben, weil ich ihn wegen eines unpassenden Erscheinungsbildes nicht in den Club gelassen hatte. Oder den verächtlichen, manchmal auch verzweifelten Blicken standzuhalten, mit denen mich die Abgewiesenen bedachten. In solchen Blicken sah ich immer auch mich selbst. Schließlich kannte ich das Gefühl, außen vor zu sein, nicht reingelassen zu werden, nicht mitmischen zu dürfen. Wenn auch weniger aus der Scheinwelt der Clubs als aus dem wahren Leben.

Dasselbe wahre Leben holte mich an einem lauen Sommerabend in der Dunckerstraße unerwartet ein. Denn auf einmal war er doch da: der Freefight-Meister aus Kreuzberg, der mir seine Botschaften und Drohungen bisher nur über Mittelsmänner hatte zukommen lassen. Als ich zum Training kam, standen er – ein ziemlicher Schrank mit Bomberjacke und Soldatenhaarschnitt – und sein Kompagnon auf der rechten Seite des Eingangs zum Trainingsraum, während zwei meiner Schüler auf der linken standen. Alle vier schwiegen grimmig, und die Parteien blickten einander so misstrauisch an, als würden sie gleich aufeinander losgehen.

»Gibt's ein Problem?«, fragte ich. Meine Stimme durchschnitt die Stille.

»In der Tat«, motzte der Schrank. »Das Problem bist du.«

In Gedanken ratterte ich alle Leute durch, denen ich in den letzten Wochen auf den Schlips getreten sein konnte –

Schreihälse von der Tür, eifersüchtige Kollegen, mögliche Freunde von Mitte-Mädchen, mit denen ich was gehabt hatte … Aber das war alles kein Bomberjacken-Milieu. Langsam begriff ich, dass es sich bei dem ungebetenen Gast um den Kampfkunst-Titanen aus Kreuzberg handeln musste. Ich hatte inzwischen mit Schnalle Nachforschungen angestellt. Auch wenn sich der »Meister« nie namentlich zu erkennen gegeben hatte, stand außer Frage, dass es sich um Peer Fuhrmann handelte, der einen Großteil der Berliner Bouncer trainierte, mit denen Schnalle zusammenarbeitete. Vielleicht hatte mein neuer Ruf als Türsteher zusätzlich Öl ins Feuer seiner gekränkten Eitelkeit gegossen.

Obwohl mir immer klar gewesen war, dass dieser Moment irgendwann kommen würde, erwischte er mich in diesem Augenblick eiskalt. Ich hatte meine mentale Rüstung noch nicht angelegt, und ich hatte keine Kräfte gesammelt für einen kompromisslosen Kampf. War der laue Abend nicht zu schön für Gewalt? Konnten wir es nicht mit Diplomatie versuchen?

»Sollen wir eine Runde spazieren gehen und das unter vier Augen klären?«, fragte ich Fuhrmann.

»Ich bin nicht zum Spazierengehen hier«, blaffte er zurück. »Du hast doch nicht etwa Angst?«

Natürlich hatte ich Angst. Und ich war es unglaublich leid, welche zu haben. Die Idiotie dieser sinnlosen und völlig einseitigen Feindschaft, die mir seit Monaten quälend im Nacken saß, war mir zuwider. Mir wurde schlecht bei dem Gedanken, mich hier und jetzt duellieren zu müssen, noch dazu für eine Verfehlung, die ich gar nicht als solche anerkannte. Mit einem Gegner, der mir wahrscheinlich haushoch überlegen war. An einem Abend wie diesem, der viel zu lieblich zum Blutvergießen war.

Ruf um Hilfe!, schrie es in mir. *Durchbrich den Kreislauf der Gewalt und hau ab!* Doch ich blieb wie angewurzelt stehen. Scheinbar unbeeindruckt, betont lässig. Meine Rolle hatte sich mir so fest eingeschrieben, dass sie von selbst die Führung übernahm. Wie immer. Ohne ein weiteres Wort schloss ich die Tür auf, und wir betraten zu fünft den Trainingsraum.

Fuhrmann war nicht gekommen, um selber zu kämpfen. Er schickte seinen Kompagnon vor: Schneider. Auch über ihn hatten Schnalle und ich einiges herausgefunden. Er war seit 15 Jahren Peers Assistent, sein bester Mann, Vizemeister im Allkampf und Kung-Fu-Lehrer. Er war in etwa so groß wie ich, etwas muskulöser, aber fünf Jahre jünger. Ich stellte mich darauf ein, dass ein Kampf mit ihm eine schmerzhafte Angelegenheit werden würde. War ein Tag, der zu schade war für Gewalt, nicht auch ein guter Tag zum Sterben? Ich hasste mich für solche Gedanken, aber noch mehr hasste ich die beiden Idioten, die mich dazu zwangen, sie zu haben.

Eine unbändige Wut stieg in mir auf. Wut über die Sinnlosigkeit der Situation, die nach den langen Monaten der Angst in Resignation umschlug, als mein selbsterklärter Erzfeind endlich auf der Matte stand und seinen Kompagnon auf mich losließ. Ehrgeiz und Stolz spielten keine Rolle mehr, eine schwere Gleichgültigkeit breitete sich über mir aus. Es war mir egal, ob ich gewann oder nicht. Ich wollte nur, dass es vorbeiging.

Als Schneider auf mich zustürmte, zog sich die Welt um mich herum zusammen. Erst funktionierte ich nur und parierte seine Attacken, doch allmählich wurde ich offensiver. Fuhrmann selbst stand gemeinsam mit meinen beiden Schülern am Rand und guckte mit verschränkten Armen zu. Trotz meiner Konzentration auf den Kampf konnte ich seine Anspannung körperlich spüren. Er brannte darauf, mich vor meinen Schülern bloßzustellen, meinen Club zu ruinieren und meine Moral zu brechen, ohne sich dabei selbst die Finger schmutzig zu machen. Doch dafür erwischte er mich auf dem falschen Fuß. Mit jedem Schlag wuchs meine Wut, und langsam meldete sich auch mein Stolz zurück. Ich war nicht bereit, mich in diesem sinnlosen Schwanzvergleich mit Fäusten vernichten zu lassen, oder für das Ego eines Fremden zu bluten, der mir noch nicht einmal selbst gegenübertrat.

Wenig später hatte Schneider keinen Treffer gelandet, während ich ihm fünf versetzt hatte. Er wollte trotzdem weitermachen. Als wir eine kurze Pause einlegten, hörte ich, wie er zu seinem Coach sagte: »Wenn ich mir richtig Mühe gegeben hätte, hätte ich locker zehnmal treffen können.«

Wenn mich etwas auf die Palme brachte, dann war es Angeberei, mit der Leute nicht nur ihren Kumpels, sondern auch sich selbst in die Tasche logen. War es nicht lächerlich genug, dass Fuhrmann sich nicht selbst stellte? Musste sein Scherge auch noch dümmliches Dampfgeplauder vom Stapel lassen? Ich konnte mir einen Kommentar nicht verkneifen: »Dann mach doch! Dann gib dir doch richtig Mühe!«

In dem eisigen Blick, der mich daraufhin traf, konnte man vieles lesen: Stolz und Verletzlichkeit, Verachtung und Ehrfurcht, Zweifel und Zorn. Schneider fühlte sich ertappt. Und das brachte ihn in Rage.

»Aber dann machen wir es richtig«, sagte ich ruhig. »Unter uns. Ohne Aufpasser.«

Zu meiner Überraschung zog dieser Vorschlag. Schneider grummelte: »Das kannst du haben!«, und Fuhrmann verließ gemeinsam mit meinen Schülern ohne Widerstand den Raum. Er schien sich voll auf seinen treuen Vasallen zu verlassen. Zum Abschied raunte er ihm ein siegessicheres »Du regelst das schon« zu. »Bis später!«

Als Schneider und ich alleine waren, sah ich meine Stunde gekommen. Mein Herz pumpte, und meine Gedanken rasten, als ich mein Gegenüber musterte. Ich beschloss, darauf zu spekulieren, dass er klüger war als sein Boss. Dass er seinen gesunden Menschenverstand benutzen würde.

»Darf ich dir was sagen?«, sprach ich ihn an.

»Was'n das für 'ne blöde Frage?«

»Ich hab eigentlich überhaupt keinen Bock auf diesen Scheiß hier«, ignorierte ich seine Sturheit. »Kannst du mir nicht einfach sagen, was dein Chef für ein Problem hat, und wir klären die Sache wie vernünftige Menschen?«

»Jetzt sag ich dir mal was«, raunzte Schneider. »Ich weiß nicht, was du mit ›vernünftige Menschen‹ meinst, aber ich für meinen Teil kläre die Sache auf meine Art.«

»Und die wäre?«

»Im Kampf natürlich!«

Ich war enttäuscht. Ich hatte ihm mehr Grips zugetraut. Ich wusste nicht, was ich sagen sollte.

»Oder hast du doch Angst?«

Nein, ich hatte keine Angst mehr. Ich hatte nun vollends resigniert. Ich zog meine Handschuhe an und sagte zu Schneider: »Na gut, dann sparren wir mal ein bisschen.« Ich holte aus. Und haute ihn grün und blau.

Bernd und Daniel hatten mir für solche Fälle immer geraten, die Leute ohne Handschuhe auf die Bretter zu schicken. Dass ich trotzdem welche trug, war ein Akt der Fairness gegenüber einem unverbesserlichen Diener, der mir in seiner bornierten Ergebenheit fast schon leidtat. Aber mir fehlte die Geduld, zu warten, bis Schneider sich müde gekämpft hatte. Ich wollte ihn einfach besiegen, ohne ihn total fertigmachen zu müssen. In psychischer Hinsicht tat ich es trotzdem.

Schneider war es anscheinend nicht gewohnt zu verlieren. Er war im Fuhrmann'schen Kampfstall neben seinem Chef der unbestrittene Champ gewesen, hatte in seinem Club wahrscheinlich noch nie einen Kampf verloren. Anders konnte ich mir nicht erklären, dass er nach unserem Sparring nicht nur k. o., sondern auch gebrochen war. Wie eine leere Hülle hing er in der Ecke und bekam kein Wort mehr heraus. Er fing an zu weinen. Offenbar war er in dem unerschütterlichen Glauben angetreten, mich zu demütigen. Stattdessen war er selbst gedemütigt worden. Das bedeutete für ihn mehr als eine Schlappe, es bedeutete den Verlust von allem, woran er geglaubt hatte. 15 Jahre als rechte Hand von Peer Fuhrmann müssen ihm plötzlich wertlos erschienen sein. Das Dogma seiner eigenen Unbesiegbarkeit war gebrochen – und damit er selbst. Nach unserem Kampf hörte Schneider von einem Tag auf den anderen auf, für Fuhrmann zu arbeiten. Dafür trainierte er bei mir weiter.

Aber das brachte nicht mehr viel. Mit dem Glauben an seine Unbesiegbarkeit hatte er seinen kämpferischen Biss verloren. Beim Training war er fahrig, unkonzentriert und weinte oft. Er kam gegen seinen mächtigsten Gegner nicht mehr an: die Angst. Was mich anbelangt, hatte ich nach dem Kampf erst mal Ruhe vor den Drohungen von Peer Fuhrmann, auch wenn er in der Szene die wüstesten Verwünschungen verbreitete. Unsere Wege sollten sich erst später noch mal kreuzen.

20

Große Freiheit Mitte

Oft sind es im Leben nur wenige Monate, die später in der Retrospektive ganze Lebensabschnitte mit ihrer Aura einfärben – die sie strahlen lassen und sie irgendwann in den Kokon einer schönen Erinnerung einschließen. Bezogen auf meine Berliner Jahre war es wohl diese Zeit, die auf das Abschütteln des Gegners aus Kreuzberg folgte. In jenen Spätsommertagen waren die Stadt und ich auf einmal auf Augenhöhe. Wir hatten beide unsere Fesseln gesprengt, wir waren beide halb beschriebene Blätter mit unendlich vielen Leerstellen, wir waren beide dabei, uns neu zu erfinden. Wenn man so will, waren wir streunende Hunde, die in den Tag hineinlebten, bevor sie von Ordnungshütern eingefangen und ins Käfiglabyrinth gesellschaftlicher Normen gesperrt wurden.

Noch versteckten sich diese Ordnungshüter in den länger werdenden Schatten der immer höher und immer zahlreicher aus dem Boden schießenden Neubauklötze im Regierungsviertel. Nur ab und zu machte sich einer von ihnen durch »So geht das nicht«-Kommentare in Zeitungen und im Fernsehen bemerkbar. Aber was kümmerten uns Zeitungen und Fernsehen, wenn uns die staubige Weite des wahren Lebens zu Füßen lag und darauf wartete, dass wir auf ihr tanzten? Wir hörten einfach weg. Auch wenn wir den kalten Hauch der neuen Zeit, in der der Staub weggefegt und die Weite zubetoniert sein würde, schon manchmal spürten.

Ich weiß noch, wie ich an einem heißen Nachmittag im *Galao* saß und im Tagesspiegel ein Interview mit irgendeinem Politiker las, der sich darüber aufregte, dass die Leute in Berlin zu wenig arbeiteten und zu wenig Miete zahlten, dass es zu viel Leerstand und zu viele Freiflächen gäbe, dass es Investoren bedurfte, um die kommerzielle Nutzung der Industrieruinen voranzutreiben und die Von-der-Hand-in-den-Mund-Wirtschaft der Partyhedonisten beendet werden müsse.

Mir lief eine Gänsehaut über den Rücken, als ich das las. Im selben Moment kam der Professor, klopfte mir auf die Schulter und grinste: »Tu nicht so schlau!«

»Wieso schlau?«

»Na, als ob du lesen könntest!«

»Wenigstens tu ich nicht so, als würde ich Medizin studieren.«

»Dein Problem.«

»Wieso Problem?«

»Du weißt genau, was ich meine. Die Frauen, Michel, die Frauen! Hast du die Blonde eben gesehen?«

»Nee, hab ja gelesen. Alter, die wollen Berlin durchsanieren.«

»Machen sie doch sowieso schon!«

»Nein, ich mein so richtig. Dann ist nichts mehr mit illegalen Clubs und Billigmiete und so. Dann gibt's nur noch Schuhgeschäfte.«

»Schuhgeschäfte?« Er guckte nach unten auf seine Füße. »Apropos: Mein Fahrrad wurde geklaut. Ich muss da heute Abend zu Fuß hingehen.«

»Das rote Diamantrad? Das war doch total hinüber.«

»Hoffentlich kracht's dem Dieb unterm Arsch zusammen.«

»Vielleicht taucht's ja wieder auf.«

»Vielleicht. Aber heute Abend muss ich auf jeden Fall zu Fuß gehen.«

»Wo müssen wir denn hin?«

»Cluberöffnung in der Torstraße.«

»Das ist 200 Meter von hier, das wirst du ja wohl noch zu Fuß schaffen.«

»Aber wir müssen vorher noch zur Vernissage in die Linienstraße.«

»Auch nicht weit.«

»Aber meine Sohlen lösen sich irgendwie ab.«

»Na, dann kannst du dich ja schon mal auf die Zukunft freuen.«

»Warum?«

»Wegen der Schuhgeschäfte.«

»Was für Schuhgeschäfte?«

»Ach, vergiss es.«

Damit flog die Zeitung in den Müll, und wir machten uns auf den Weg zu irgendwelchen Veranstaltungen, bei denen verrückte Spinner architektonischen Leerstand mit geistigem Überschwang befüllt hatten. Das Wort »Event« war noch kein Kampfbegriff der Marketingstrategen, sondern ein Zauberwort der Idealisten. Jeder Club und jede Kunstaktion waren vom Drang getrieben, etwas Neues zu erschaffen.

Es ging nicht ums Abzocken und Abkassieren, sondern darum, die Welt schöner zu machen. Es wurden Utopien gelebt. Bei jeder Party hatte man das Gefühl, an einer Geschichte teilzuhaben. Einer Entstehungsgeschichte. Der Entstehungsgeschichte Ostberlins, die immer auch eine Geschichte des Verfalls war. Jede Woche machten zwei Läden dicht, in denen wir vor ein paar Tagen noch gefeiert hatten, während woanders drei neue aufschlossen. Alles war in der Schwebe und in Bewegung – die Häuser, die Menschen, der Geist.

In dieser kreativen Goldgräberstimmung hatte man den Eindruck, alle interessanten Menschen der Welt hätten sich in Mitte versammelt, um dem Rest des Erdballs zu zeigen, wie das mit dem friedlichen Anarchismus funktionierte. Internetmillionäre tanzten zusammen mit Arbeitslosen, Studenten und Skatern aus Kreuzberg in viel zu kleinen Räumen, bei denen niemand wusste, ob nicht die Decke gleich einstürzte. Jeder war willkommen, jeder konnte es sich leisten.

Oder man ging die Straße runter und fand sich auf einmal in einer Gruppe von zehn Leuten wieder, die Locations kannten, von denen man noch nie gehört hatte, während man ihnen wiederum welche zeigen konnte, die sie nicht kannten. Alles lief über Mundpropaganda. Weil man keine Touristen anlocken wollte, gab es keine Werbung und keine Schilder. Wenn doch mal Flyer produziert wurden, dann waren es kleine Kunstwerke, die später zu Sammlerstücken wurden. Wer das Glück, die Ermutigung, die Leidenschaft und die Selbstbestimmtheit miterlebt hat, die diese Atmosphäre freisetzte, der weiß, dass jeder Ruf nach Regulierung und Kommerzialisierung der blanke Hohn war. Alles, was Politiker an Berlin kritisierten, war das Potenzial der Stadt. Sie zehrt bis heute davon. Auch wenn es die Große Freiheit Mitte schon lange nicht mehr gibt.

Die Nacht nach dem geklauten Fahrrad endete für den Professor und mich ausnahmsweise mal nicht in den Betten irgendwelcher Frauen, sondern auf dem Dach eines maroden Plattenbaus, auf dem ein spontaner Rave gefeiert wurde. Während vor uns die Sonne aufging und hinter uns die Armee der Verstrahlten ihre Amphetamin-Choreografie durchsteppte, saßen wir besoffen an der Dachkante und ließen die Beine baumeln. In diesem raren Moment, in dem wir nicht wetteiferten oder rumfrotzelten, der ganz pur und wahrhaftig war und in dem jeder Zynismus außen vor blieb, sagte der Professor plötzlich: »Also ich brauch das nicht mit den Schuhgeschäften.«

»Hä?«

»Du hast doch heute Nachmittag gesagt, ich soll mich auf die Zukunft freuen.«

»Ach so, das war doch nicht ernst gemeint.«

»Weiß ich, aber nur mal hypothetisch gesprochen: Wenn ich einen Wunsch frei hätte, weißt du, was ich mir wünschen würde?«

»Nee, was denn?«

»Ich würd mir wünschen, immer genau jetzt zu leben. Ich würde die Uhren anhalten und dafür sorgen, dass diese Zeit nie vorbeigeht. Echt mal! Ich würde nichts ändern. Weil jetzt alles genau so ist, wie ich es haben will.«

Es war ungewohnt, ihn so reden zu hören. Aber natürlich hatte er recht.

21
Cookies

Dreist kommt weiter! Diese Regel galt in Berlin nicht nur bei den Frauen. Ich verdankte ihr auch, dass ich schließlich doch noch den Olymp des Nachtlebens eroberte: das *Cookies*. Nachdem ich beim ersten Mal an der Tür abgewiesen worden war, blieb der Laden für mich noch eine Weile ein Buch mit sieben Siegeln. Bis ich endlich dort feierte, war er schon wieder umgezogen. Zum fünften Mal seit seiner Eröffnung.

Angefangen hatte das Ganze 1994 als rumpelige Bierparty in einem Kellerclub in der Auguststraße. Nichts Besonderes, aber eben spontan und provisorisch, wie man es im Berlin der Post-Mauer-Ära gut fand. Da war ja irgendwie alles geil, solange es nur unprofessionell und illegal war. Doch dann zog der Club um. Und vergrößerte sich. Und zog noch mal um, um sich erneut zu vergrößern. Und so weiter. Die Dimensionen wurden immer üppiger, die Gäste immer schöner, und nach kürzester Zeit eilte dem Laden der Ruf einer Berliner Reinkarnation des *Studio 54* voraus.

Jetzt lag er in einem palastartigen Altbau an der Charlottenstraße, Ecke Unter den Linden. Leute aus aller Welt kamen hierher, um zu feiern. Scheichs flogen ein, Trendscouts reisten an, Stars standen Schlange. Auch für mich wurde das *Cookies* zum Partyraumschiff, das bei bloßer Nennung seines Namens die Glückshormone tanzen ließ. Alter Schwede, was haben wir da gefeiert.

Die Orgie begann schon im Durchgang hinter dem Einlass. Der war so eng, dass man dicht an dicht stand und keiner mehr vor- oder zurückkonnte, sobald es voll wurde. Das führte unweigerlich dazu, dass man mit den ganzen schönen Frauen ins Gespräch kam. Ich liebte diesen Gang. Er war der Geburtskanal. Hier ließ man die Hitze, die Gerüche und das Wummern der Musik in den Körper einsickern, bis man eins wurde mit der erwartungsfreudigen Schwüle. Man schwamm darin herum wie ein Fötus in der Fruchtblase, und just in dem Moment, wo man nur noch mit dem Gedränge und allen, die daran beteiligt waren, verschmelzen wollte, wurde man ausgeworfen. Hinein in das 400 Quadratmeter große Clublabyrinth mit der Riesenbar und dem fetten Kronleuchter, in dem alles flackerte und bebte – die Menschen genauso wie die Lichter und die Musik.

Das war die *Cookies*-Entbindung. Danach war man drin im Paradies und drehte auf der Tanzfläche und den schäbigen Sesseln durch. Und natürlich auf den Toiletten. Die Partys auf dem Klo waren teilweise besser als die im eigentlichen Club. Es gab dort riesig viel Platz, es legten Extra-DJs auf, und an manchen Abenden wurde eine Champagner-Bar aufgebaut. Ein sehr kommunikativer Ort. Zum Koksen und Kiffen trafen sich hier sowieso alle, und weil es keine Geschlechtertrennung gab, hätte man auch gleich »Fickt euch!« an die Wände schreiben können.

War aber nicht nötig. Das Partyvolk tat es auch ohne Aufforderung. Es wurde geknutscht und gefummelt, dass es die pure Freude war. Es gab acht Kabinen, die als Oktagon angeordnet waren. Alle waren ständig besetzt. Wenn wir schräg drauf waren, machten der Professor und ich uns einen Spaß daraus, über und unter den Türen durchzugucken. Wir krochen juchzend und gackernd durch die Pissepfützen und spannerten wie die letzten Lustgreise, aber keiner störte sich daran. Die Leute mussten ja irgendwohin mit ihren Glückshormonen. Sie luden dich eher zum Mitmachen ein, als dich zu verscheuchen.

Wer den Mann kennenlernte, der hinter alledem steckte, war meist überrascht. Cookie, der auf den bürgerlichen Namen Heinz hörte, war ein unscheinbarer, schlaksiger Typ mit Halbglatze, der über sich selbst sagte, dass er sich in seinen eigenen Club nicht reinlassen würde. Im Gegensatz zum Großteil seiner Gäste war er halt keine Schönheit, hatte dafür aber eine andere Stärke: Er hatte ein untrügliches Gespür dafür, welche Leute man brauchte, um eine Party zum Laufen zu bringen. Dabei war die Auswahl des Personals fast wichtiger als die Türpolitik. Cookie stellte nur Leute ein, die neben ihrer Arbeitskraft auch interessante Freunde mitbrachten. Das konnten talentierte Selbstdarsteller, Supermodels oder gut gelaunte Unikate sein, Hauptsache war, dass sie eine Ausstrahlung und eine Energie hatten, die sie zu Hinguckern machten. Hingucker brauchte das *Cookies*. Denn seine Faszination speiste sich nicht aus aufwendigem oder teurem Interieur, sondern aus der Extravaganz der Gäste. Das Publikum war das Interieur – und es bestand zur Hälfte aus einer Entourage von Hausfreunden, die zwar umsonst reinkamen und tranken, die aber wiederum zahlende Gäste anzogen und bei der Stange hielten. Von diesem Prinzip profitierten alle außer denen, die nicht reinkamen: die Hausfreunde, die für lau feierten, die Gäste, die sich in exklusiver Gesellschaft wähnten, und natürlich Cookie selbst, der sich eine goldene Nase verdiente.

Das Verhältnis zwischen Cookie und mir stand eigentlich von Anfang an unter einem schlechten Stern. In einer meiner ersten Nächte in seinem Club schossen der Professor und ich hyperaktiv zwischen Kronleuchter und Oktagon hin und her, damit uns ja nicht die schönste aller schönen Frauen des Abends durch die Lappen ging. Dabei stieß ich fast mit einem Magermodel mit Rapunzelhaar zusammen. Als ich mich entschuldigte, lachte sie mir mit so zauberhaftem Lächeln und so offenem Blick ins Gesicht, dass ich es als Frechheit empfunden hätte, sie nicht anzubaggern. Also tat ich es.

Worüber wir redeten, weiß ich nicht mehr, ich weiß nur noch, dass Harry und Martin (die natürlich zur *Cookies*-Entourage gehörten) mich beobachteten und im Hintergrund irgendwelche Faxen mit Time-out-Signalen machten. Aber sie machten ja immer Faxen, deshalb maß ich dem Gehampel keine Bedeutung bei. Außerdem war viel interessanter, dass die Frau weiterlächelte und meine Flirtversuche nicht abwehrte. Also ging ich in die nächste Runde und stützte mich mit der Hand an der Säule ab, an der sie lehnte, um auf Kusskurs zu gehen. Da kam zufällig Marcus vorbei und raunte mir ins Ohr: »Da wär ich jetzt vorsichtig, mein Lieber, das ist Cookies Freundin.«

Bamm! Danach war natürlich die Luft raus. Zwar kannte ich Cookie zu dem Zeitpunkt noch nicht, aber verscherzen wollte ich es mir mit ihm dann doch nicht. Zumal ich als *WBM*-Mitglied ebenfalls umsonst bei ihm trank.

Die Folge war, dass ich die Hand wieder von der Säule löste und auch sonst zusah, dass ich von Rapunzel wegkam – was sie aber gar nicht zu wollen schien, weil sie sich sichtlich amüsierte.

Nachdem ich mich schließlich doch von ihr losgeeist hatte, stürzten Martin und Harry auf mich zu: »Wie bist du denn drauf, Mann? Baggerst erst mal die Alte vom Chef an, oder was?«

»Woher soll ich denn wissen, dass das die Alte vom Chef ist?«

»Hast du nicht gesehen, dass wir Zeichen gegeben haben?«

»Das konfuse Rumgehampel nennt ihr Zeichengeben?«

»Konfus? Das war ja wohl ein klares Time-out!«

»Was auch immer …«

»Cookie hat jedenfalls ziemlich pissig geguckt.«

»Dann soll er besser auf seine Frau aufpassen!«

»Hast du auch wieder recht.«

»Wo ist der denn jetzt?«

»Weiß nicht. Irgendwie raus.«

Diese Situation wiederholte sich in der Nacht noch zweimal. Immer wieder lief ich aus Versehen der wunderschönen Rapunzel in die Arme, die in argloser Kontaktfreude unser Gespräch weiterführen wollte, was ich dann zwar möglichst schnell abzuwürgen versuchte, was aber trotzdem dazu führte, dass Harry und Martin angerannt kamen, um zu vermelden, dass Cookie »pissig geguckt« habe, aber inzwischen »irgendwie raus« sei. Der König des Berliner Nachtlebens wurde zu einem Phantom, das zwar einen Club und eine Freundin hatte, aber kein Gesicht. Das führte zum nächsten Fehltritt.

Ein paar Besuche später waren der Professor und ich sehr früh da. Marcus ließ uns schon mal in den Geburtskanal, aber die Tanzfläche war noch leer. Also lümmelten wir mit ein paar weiteren verfrühten Hausfreunden auf den gammeligen Sofas rum, die im Gang standen, und legten die Füße hoch wie Halbstarke im Jugendclub. Auf einmal hetzte ein Typ an uns vorbei, der im Vorbeigehen keifte: »Los, Füße da runter!« Ich lachte nur und rief hinter ihm her: »Was willst du denn von mir, du Lappen?«

Mein Nebenmann fing an zu kichern und meinte: »Ey, das kannst du doch nicht machen. Das war Cookie! Der Besitzer!«

Mich beeindruckte das weniger als ihn. Trotzdem stellte ich meine Mauken zurück auf den Boden und brüllte extralaut in den Gang: »Ach so, das war der Chef! Na, dann war's ja doch kein Lappen. Dann nehm ich die Füße eben runter!« Keine Ahnung, ob er das hörte. Oder ob er es lustig fand. Oder ob er sich einfach nur bei seinen Leuten erkundigte, wer der spätberufene Halbstarke auf seinem Sofa war.

Jedenfalls stand er zehn Minuten später auf einmal vor mir und wollte wissen, ob ich mir vorstellen könnte, für ihn an der Tür zu arbeiten. Ob ich mir das vorstellen konnte? Was für eine Frage! Das *Cookies* war der Türsteher-Olymp! Viele Kollegen hätten mit Freude umsonst dort gearbeitet in der Hoffnung, sich dadurch einen Namen zu machen. Ich bejahte, ohne mit der Wimper zu zucken.

Mein erster Abend am *Cookies*-Einlass war dann gleich ein Statement. Irgendein Wichtigtuer nervte megamäßig ab. Er wollte Marcus' Nein partout nicht akzeptieren und fing an zu diskutieren. Komischerweise ließ Marcus sich darauf ein. Er nahm den Typen zur Seite, und sie redeten. Eine Minute, zwei Minuten, fünf Minuten … Es war nicht nur die Tatsache, dass ich in dieser Zeit den Einlass alleine regeln musste, die mich dazu trieb, einzuschreiten. Es war auch die völlige Sinnlosigkeit der Diskussion. Ein Nein war ein Nein. Wenn wir mit allen, die wir abwiesen, erst mal fünf Minuten diskutiert hätten, hätten wir den Club nie vollgekriegt. Also ging ich zu den beiden rüber und fragte: »Kriegt ihr das hier gebacken?«

Sie nickten. Und unterhielten sich weiter. Eine Minute, zwei Minuten, fünf Minuten. Danach reichte es mir. Ich packte den Wichtigtuer ohne Umschweife am Kragen und beförderte ihn mit drei gezielten Schubsern außer Reichweite. Das war's. Keine Schläge, kein Bowling-Griff, nur ein paar Knuffe, um den Fluss an der Tür wieder zum Laufen zu bringen.

Marcus erzählte später trotzdem überall herum, ich sei gewalttätig und hätte meine Aggressionen nicht unter Kontrolle. Wahrscheinlich wollte er mir eins auswischen. Es muss seltsam für ihn gewesen sein, dass der Spinner mit dem Regenwurm, den er noch vor ein paar Monaten belächelt hatte, nun mit ihm auf einer Stufe stand. Wir kamen alles in allem trotzdem ganz gut miteinander aus. Mussten wir auch. Als Hüter der wichtigsten Tür Berlins mussten wir an einem Strang ziehen. Denn unsere Gegner lauerten schon im Dunkel.

22
Geiler als ihr

Von nun an hatte ich viel zu tun. Dienstag und Donnerstag arbeitete ich im *Cookies,* am Wochenende in der *WBM,* zwischendurch fielen Jobs in der *Greenwich-Bar,* im *WMF* oder bei Sonderveranstaltungen an. Die Escrima-Schule und meine Battles mit dem Professor kamen obendrauf.

Mein Leben bestand aus Training und Schlafen, Ficken und Feiern. Zu jeder anderen Zeit und an jedem anderen Ort hätte mich das fertiggemacht, aber damals in Mitte war es toll. Solange die Clubs noch illegal waren, hatte man als Türsteher ein gutes Standing. Man redete mit den Betreibern auf Augenhöhe, hatte eigene Gestaltungsspielräume und traf Entscheidungen mit. Die Türsteher waren genauso wichtig wie die DJs, und alle verdienten gleich. Leute, die für 30 000 Mark auflegten, gab es vielleicht in der Technoszene, aber in unserem Bereich spielte so was keine Rolle. Wir verdienten so, dass wir gut davon leben konnten. Mehr wollten wir gar nicht, wenn wir dadurch das Gefühl hatten, an etwas Bedeutsamem mitzuwirken. Und das taten wir. Wir hielten die Große Freiheit Mitte hoch, die Auswärtige immer wieder in hochnäsiger Selbstverständlichkeit mit Füßen traten, weil sie sie nicht verstanden.

Gerade die Leute aus dem Westen bildeten sich ein, dass sie sich mit Reichtum oder allem, was danach aussah, einen Status erkaufen konnten. So waren sie es gewohnt. Aus Hamburg kannte ich das ja selber. Dort lautete Gesetz Nummer eins: Wer nach Geld aussah, war immer willkommen! Weil man sich von solchen Leuten versprach, dass sie sich die teuren Champagnerflaschen leisten konnten und auch welche kauften. Gesetz Nummer zwei: Leute mit Turnschuhen blieben draußen! Dafür wurde sogar Gesetz Nummer eins außer Kraft gesetzt. Das bekam ich am eigenen Leib zu spüren, als ich einmal mit Limited-Edition-Turnschuhen, die 500 Mark gekostet hatten, vor einem Club auf der Reeperbahn abgewiesen wurde. Danach machte ich ein Experiment. Ich kaufte mir von meinem letzten Geld Halbschuhe für 20 Mark bei Salamander und ging die Woche drauf mit den Billigtretern zu dem gleichen Club. Diesmal kam ich ungehindert rein. Obwohl ich 480 Mark weniger an den Füßen hängen hatte. Ein gutes Beispiel für die fragwürdige Gültigkeit eiserner Clubregeln.

Meine Philosophie an der Tür war dagegen folgende: Es war mir egal, wie jemand angezogen war, solange die Ausstrahlung passte. Leute, die ein nettes, offenes Auftreten hatten, ohne dabei servil zu sein, wären sogar reingekommen, wenn sie mit einem Kartoffelsack bekleidet gewesen wären. Das war alles eine Frage des Stils. Auch ein Anzug von der Stange konnte witzig sein, wenn er mit der nötigen Ironie getragen wurde.

Ich wollte selbstbewusste Gäste, die für solche Dinge ein Gespür hatten. Wer dagegen mit Handy am Ohr in den Club stolzierte, konnte gleich wieder gehen. Wer mit einer dicken Limousine vorfuhr und an der Schlange vorbeimarschierte, weil er meinte, dass er es nicht nötig hätte zu warten, weil er reich war, ebenfalls. In Mitte interessierte sich kein Mensch für Statussymbole. Wer meinte, sich als Angeber aufspielen zu müssen, den ließen wir am langen Arm verhungern. Dann hieß es an der Tür nur: »Habt ihr ’ne Einladung?«

»Was für ’ne Einladung? Das ist doch ’ne öffentliche Bar.«

»Heute leider nicht.«

»Und wieso nicht?«

»Heute nur für Freunde.«

»Du, wir haben gerade einen Millionendeal klargemacht und würden das gern feiern.«

»Ja, dann macht das doch. Aber bitte woanders!«

Ich führte solche Dialoge mit einer gewissen Genugtuung. Gar nicht, weil ich den Leuten unbedingt einen beipulen wollte, sondern weil sie die Verhältnisse auf den Kopf stellten: In der Welt, in der ich mich bewegte, war die Kapitalshow, auf der in anderen Schichten ganze Existenzen basierten, null und nichtig. War damit nicht der Beweis erbracht, wie relativ Reichtum war?

Wir ließen auch Promis, die mit ihrer Gefolgschaft antrabten, oft nicht rein, wenn wir deren Attitüde nicht mochten – wie sie es als Selbstverständlichkeit ansahen, dass man sie geil fand und ihnen einen roten Teppich ausrollte. Da wurden wir reflexartig selber arrogant und waren auf einmal noch geiler als die. Wir taten dann so, als wüssten wir nicht, wer sie sind. Bei Barbara Schöneberger haben wir die Nummer mal gebracht, als sie mit Elton ins *Cookies* wollte. Kate Moss musste ich mal rausschmeißen, weil sie mit fünf Kerlen auf der Toilette kokste. Silvester Stallone kam rein. Bruce Willis auch. Die sind allerdings schnell wieder gegangen, nachdem sie die Klos gesehen hatten. Das sah für die aus wie auf der Baustelle. Alle nur am Koksen und Ficken, aber niemand am Pinkeln.

Manche Promis kannte ich allerdings auch wirklich nicht. Einmal stand ich bei einem Fashionevent an der Tür. Richtig große Sache mit Modenschau und Live-Shootings und jeder Menge High-Class-Models. Bevor die geladenen Gäste kamen, trudelten in Schüben die Visagisten und Designer und Fotografen ein. Die meisten flatterten nur geschäftig vorbei, aber ein Typ war auffallend freundlich und interessiert und unterhielt sich eine Weile mit mir auf Englisch.

Ich nahm an, dass ich bei ihm die eine oder andere lauwarme Fantasie auslöste, aber mir war es recht, weil ich auf diese Weise die vier wirklich heißen Ladys, die er im Schlepptau hatte, aus der Nähe betrachten konnte. Nach ein bisschen Blabla hier und ein bisschen Geflirte da verschwand das Trüppchen nach drinnen, die Gäste trudelten ein, das Event nahm seinen Lauf, und nach der Modenschau betranken sich alle mit Champagner. Kurz vor Torschluss kam eine der vier heißen Ladys zu mir und fragte, ob ich Lust hätte, ein Foto mit Mario Testino zu machen. Meine Antwort: »Mit wem?«

»Na, mit Mario Testino! Der, mit dem du dich vorhin unterhalten hast. Hättest du Lust, ein Foto mit dem zu machen?«

»Nö, wieso sollte ich?«

»Weil der gesagt hat, dass er sich das mit dir gut vorstellen könnte.«

Ich musste grinsen. Der konnte sich mit Sicherheit noch ganz andere Sachen mit mir vorstellen. Ich sah vor meinem inneren Auge, wie er seinen schwulen Freunden zu Hause die Fotos vom Berlintrip zeigte: »Das bin ich mit dem Fernsehturm, das bin ich mit dem Brandenburger Tor, und das bin ich mit diesem schweinegeilen Türsteher von der Modenschau!«

Auf diese Form von Ruhm war ich nicht scharf. Deshalb sagte ich der Lady: »Nein danke, lass mal. Aber vielleicht könnten wir beide mal zusammen frühstücken!« Dafür hatte wiederum sie nur ein »Nein danke« übrig, was ich ein bisschen ärgerlich fand. Dabei war in Wirklichkeit tausendmal ärgerlicher, dass ich aus reinem Unwissen ihre Frage falsch verstanden und ein Shooting mit einem der berühmtesten Modefotografen der Welt in den Wind geschossen hatte. Das kapierte ich aber erst ein paar Tage später, als mir irgendwer erklärte, wer Mario Testino war.

Vielleicht hätte mich ja auch Tom Tykwer doch noch zum Film gebracht, wenn ich ihn nicht an der *WBM*-Tür abblitzen lassen hätte. Denn da stand er eines Abends und wollte rein. Aber ich wusste nicht, wer er war, und er hatte keinen Schlüssel, also biss er mit seinem hilflosen »Ich bin doch der Tom« auf Granit. Irgendwer holte ihn dann letztlich doch nach oben. Das passte auch. Unwürdig fand ich dagegen, als der Manager von den Sex Pistols nach Berlin kam. Der hatte viel von der *WBM* gehört und wollte sich selbst ein Bild machen. Martin führte ihn dann schon vor der offiziellen Öffnungszeit herum und gab ihm eine Flasche Champagner aus. So was war total untypisch für Berlin. Ich hätte selbst Elvis Presley gesagt, er soll abhauen, wenn er zu früh gekommen wäre oder keinen Schlüssel gehabt hätte. Das war eine Frage der Integrität.

Mit dieser Konsequenz kokettierten wir ja auch, sie war gleichzeitig ein Running Gag und eine Waffe. Es war ein Heidenspaß, hochnäsigen Leuten damit einen Denkzettel zu verpassen. Für mich brachte es den spaßigen Nebeneffekt mit sich, dass ich jetzt die ganzen Caster und Produzenten auflaufen lassen konnte, die mich vorher von oben herab behandelt hatten. Allen voran Sybille Fuchs. Die trat eines Abends mit dem Versace-Jüngelchen aus der *Cookies*-Schlange hervor und grinste überdreht. Das Grinsen erfror, als sie mich erkannte. Ich hätte in dem Moment zu gern ihre Augen gesehen, aber sie trug natürlich Sonnenbrille. Auch so ein No-Go am Einlass. Ich schüttelte den Kopf und zuckte mit den Schultern: »Tut uns leid. Wir haben hier heute leider keine Zeit für euch.« Damit waren wir quitt.

23

Und dann?

Das Paradoxe am Anarchismus ist, dass er jegliche Herrschaft ablehnt und die ultimative Entscheidungsfreiheit fordert, was aber auch die Möglichkeit einschließt, sich zu unterwerfen. Das ist gleichzeitig das Reizvolle daran. Was machen Menschen, wenn sie alle Grenzen niedergerissen haben und wirklich frei sind? Richten sie sich in der Freiheit ein? Rennen sie ins Ungewisse? Errichten sie neue Grenzen? Irgendwas müssen sie ja tun, sonst tun es andere für sie. Denn das mit dem Zeitanhalten, wie es sich der Professor gewünscht hatte, funktionierte nun mal nicht. Zumindest nicht kollektiv. Wir hatten ja schon alle Hände voll damit zu tun, unsere eigene kleine Zeit anzuhalten – mit irgendwelchen Obsessionen, die uns von der übergroßen Frage des »Und dann?« ablenkten. Für den Professor und mich war es der Sex. Für die Clubbetreiber und Veranstalter das Erdenken immer größerer Visionen. Für die normalen Partypeople waren es die Drogen.

In meiner Jugend auf St. Pauli hatte ich mein eigenes Drogendrama hinter mich gebracht. Ich hatte miterlebt, wie Koks, Speed und LSD den Kiez und seine Bewohner verändert hatten, und ich hatte meinen Freund Ümet und meine große Liebe Claudia an den Totmacher der Achtziger verloren, das Heroin. Deshalb war ich – vom Alkohol mal abgesehen – strikt gegen Drogen. Trotzdem beeindruckte mich die Unbekümmertheit, mit der sich die Berliner ihre Substanzen reinpfiffen. Besonders Koks wurde in den seltsamsten Darreichungsformen konsumiert. Es wurde nicht nur geschnupft, sondern auch getrunken und gespritzt. Einmal rauchte ein Typ an der *WBM*-Tür neben mir eine Zigarette, die seltsam süßlich roch. Als ich ihn fragte, was das für ein Kraut sei, antwortete er: »Das is' 'ne Kokarette.«

»Wie Cocarette? Von Coca-Cola, oder was?«

»Nee, Quatsch. Da ist Kokain drin.«

Danach hab ich ihn total zusammengefaltet, weil ich den Scheiß nicht einatmen wollte. Darüber haben sich dann alle amüsiert. Ein Opinion Leader, der auf dem Drogenspielplatz der Berliner Partyszene nicht mitbekommen hatte, dass man Koks rauchen konnte, war eben auch schon wieder was Besonderes. Aber ich hatte nun mal meine Prinzipien.

Eigentlich wussten das auch alle. Deshalb fand ich es gar nicht lustig, als mir jemand Amphetamine in Form eines MDMA-Shots unterjubelte. Wir waren mal wieder zu irgendeiner Restauranteröffnung eingeladen, auf der wir umsonst Essen und Trinken abstauben konnten. Das war auch so eine Obsession. Martin, Harry, der Professor und ich waren eine hoffnungslose Madenwirtschaft, eine Bettelclique, die kein Event ausließ, wo man sich umsonst durchfressen konnte. Von solchen Events gab es in Mitte ständig welche, und wir waren immer dabei. Dafür sorgte der Professor. Der war nämlich ein gnadenloser Sparfuchs und Geizhals.

Für Bottle-Partys, auf denen die einzige Bedingung war, dass man eine Flasche Alkohol mitbrachte, füllte er leere Wodkaflaschen mit Leitungswasser ab, um dann auf der Party den Alkohol der anderen zu saufen und sich am Ende noch eine volle Buddel mit echtem Wodka mit nach Hause zu nehmen. Wenn wir uns im Café trafen, konnte er zwei Stunden am Tisch sitzen, ohne eine einzige Bestellung aufzugeben, und nachdem am Alex das Cubix-Kino aufgemacht hatte, bekam ich von ihm immer »Einladungen« zum Filmegucken, die daraus bestanden, dass wir uns über einen gläsernen Personalfahrstuhl auf der Rückseite des Gebäudes umsonst Zugang zu den Kinos verschafften. Bis wir eines Tages erwischt wurden. Da sind wir vielleicht gerannt. Wahrscheinlich zur nächsten Umsonst-Fresserei. Irgendwo gab es immer eine.

Wir waren jedenfalls bei dieser Restauranteröffnung, und zur Begrüßung gab es Shots. Ein scheußliches, klebrig süßes Zeug, das ich sonst nie getrunken hätte, aber es wurde uns regelrecht aufgedrängt. Als ich mein Glas zurückstellte, sagte ich aus Spaß zum Gastgeber und seinem Vermieter: »Schmeckt ja wie Blubberwasser. Ist da MDMA drin, oder was?« Die Antwort war ein lautes Lachen, dann wurde mir auch schon ein zweites Glas gereicht, das ich ebenfalls austrank. So enterten wir das Lokal. Zehn Minuten später sprang der Gastgeber hinter mir her und rief: »Du, ich konnte gerade nichts sagen, weil mein Vermieter danebenstand, aber klar, das waren MDMA-Cocktails, die ihr gerade getrunken habt. Ist das nicht geil?«

Ich fand es kein bisschen geil. Ich fand es unverantwortlich. Man verteilte solche Drinks nicht an Leute, die nicht wussten, was es damit auf sich hatte. Schon gar nicht, wenn sie keine Erfahrung in dem Bereich hatten. Das konnte nach hinten losgehen.

Ich hatte es im *Cookies* erlebt, dass wir für Leute den Notarzt rufen mussten, weil ihre Atmung aussetzte, nachdem sie es mit den Drogen übertrieben hatten. Das fand ich genauso krass und traurig wie die Verwandlung, die manche Gäste durchmachten: Menschen, die anfangs wild und kreativ und voller Ideen gewesen waren, blieben irgendwann auf einem Trip hängen, sodass sie nur noch über Pillen und Koks redeten, als gäbe es nichts Wichtigeres auf der

Welt. Hinzu kam der körperliche Verfall, den ich an der Tür in Echtzeit mitverfolgen konnte. Menschen, die gestrahlt hatten, verloren jede Lebenslust und jegliche Spannkraft.

Besonders heftig war das bei Paula, einem Mädchen, das im *Cookies* seinen 18. Geburtstag feierte. Ich weiß das noch so genau, weil sie uns beim Reingehen stolz ihren Ausweis präsentierte. Sie war keine Modelschönheit, aber sie hatte ein Lächeln und eine Ausstrahlung, die sowohl Marcus als auch mich mit offenen Mündern und verdrehten Köpfen zurückließen. Nur ein halbes Jahr später kam sie wieder. Dieselbe Person. Aber man erkannte sie kaum noch. Wieder hatte ich mit Marcus Dienst, wieder wedelte Paula mit ihrem Ausweis (das schien ihre Masche zu sein, weil sie sehr jung aussah), aber die Magie war verflogen. Ihre Haare waren stumpf, die Haut fahl, der Blick leer. Das Schlimmste aber war: Sie lächelte nicht mehr. Sie war verwelkt, bevor sie aufgeblüht war.

Paula war eins der Opfer, das die vermeintliche Glamourmetropole Berlin hervorbrachte. Viele Leute, die dem Ruf der Medien- und Filmstadt Berlin folgten, so wie ich es getan hatte, wurden von ihr verschlungen und zerquetscht, wenn sie nicht stark genug waren, sich ihren Regeln zu widersetzen.

Theoretisch hätte auch ich so enden können. Das wurde mir spätestens klar, als ich eines Abends mit dem Chef einer Filmfirma auf eine Party ging, auf der nur Mädels rumrannten, die spitzenmäßig aussahen, und er sagte: »Das sind alles unsere Sklavinnen. Die haben alle ein Scheißleben. Sie müssen alle Überstunden machen, sie müssen alle sechs Tage die Woche ackern, und sie werden die nächsten zehn, zwanzig Jahre kein Leben haben. Aber sie wollen es ja so.« Leider stimmte das. Es waren dumme, unerfahrene Mädchen, die sich von unattraktiven Männern abschleppen ließen, um ihren Traum von der großen Karriere zu verwirklichen und ihren Selbstwert zu steigern. Sie waren die Trophäen der Filmchefs. Und denen konnte man nicht mal juristische oder moralische Vorwürfe machen, weil das Ganze eine perverse Mischung aus Agreement und Verführung war.

Aus Ärger über den untergejubelten MDMA-Cocktail hatte ich bei der Restauranteröffnung pausenlos solche Gedanken im Kopf. Vor meinem inneren Auge tanzten die Bilder von Paula, den Sklavinnen und den Atmungsaussetzern, während ich Stunde um Stunde darauf wartete, dass die Wirkung der Droge einsetzte und ich den großen Flash bekam.

Aber er kam nicht. Ich merkte rein gar nichts von dem Zeug. Das Einzige, was diesen Abend, abgesehen von meiner schlechten Laune, von allen anderen unterschied, war, dass der Professor, der ebenfalls zwei Shots getrunken hatte, irgendwann anfing, Runden zu schmeißen. Ich glaube, das war das erste und einzige Mal, dass ich ihn spendabel erlebte. Er gab in der Nacht über 100 Mark für die Drinks anderer Leute aus. Danach war wiederum ich versucht, ihm heimlich MDMA in den Kaffee zu rühren, den ich ihm bei unseren Treffen im *Galao* obligatorisch nach zwei Stunden, in denen er nichts bestellt hatte, ausgab. Vielleicht hätte das ihm seinen notorischen Geiz ausgetrieben. Aber vielleicht wäre es dann auch weniger lustig mit ihm gewesen.

Außerdem hatten wir uns in der grenzenlosen Freiheit der Mitte-Anarchie ja schon zwei anderen Drogen unterworfen: den Frauen und dem Sex. Von denen ließen wir uns gern versklaven, auch wenn wir dabei unterschiedliche Motive hatten. Während der Professor lediglich seinen Jagdtrieb befriedigte, war ich der Typ, der Beziehungen suchte und hinter jedem Schäferstündchen immer auch das romantische Ideal von der großen Liebe witterte. Wir sehnten uns beide nach dem, was wir nie kennengelernt hatten. Der Professor nach einem vogelfreien Dasein ohne die Bande einer bürgerlichen Existenz, ich nach dem Anker einer stabilen Beziehung und einer intakten Familie. Diese Sehnsucht trieb mich nicht zuletzt deshalb an, weil ich sonst nichts Substanzielles hatte, an dem ich mich festhalten konnte. Der Professor hatte sein Studium und das Ziel, es zu beenden. Die Frauen liefen nebenher. Mein Ziel war hingegen, so kitschig es klingt, die Liebe. So ließ ich mich auch nach der Enttäuschung mit Lara immer wieder auf Beziehungen ein. Für jede von ihnen war der Professor das reinste Gift. Da ein wesentlicher Motor unserer Freundschaft die Battles um die Frauen waren, fehlte etwas, sobald ich nicht mehr mit ihm jagte. Außerdem war er eifersüchtig und machte deshalb immer meine Mädchen schlecht.

Dass meine Beziehungen nie lange hielten, hatte allerdings auch mit den Frauen zu tun. Die waren so offensiv und freiheitsliebend, dass sie es meist nicht lange mit mir, der sie mit Haut und Haaren und ohne Zugeständnisse besitzen wollte, aushielten. Manchmal machte mich das melancholisch, manchmal amüsierte es mich auch. Denn es war natürlich auch nur ein Symptom des Mitte-Anarchismus. Wir spielten verkehrte Welt: Wo die Normalos tagsüber arbeiteten, arbeiteten wir nachts. Wo man sich anderswo über Status und Reichtum definierte, feierten wir das inspirierende Moment der Armut. Wo der Rest der Welt von Verbindlichkeiten zusammengehalten wurde, regierte bei uns die Unverbindlichkeit. Wir waren offen. Für alles und jeden. Das machte uns frei.

Eine Zeit lang liefen der Professor und ich immer Arm in Arm durch die Gegend. Das muss völlig schwul rübergekommen sein, aber das war uns egal. Es passte ja auch ein bisschen. Wir haben uns auf unsere Weise ja schon geliebt. Außerdem war Schwulsein in den Neunzigern schick. Schon während der Schauspielschulzeit hatte ich in einer Schwulen-WG gewohnt und dabei hinterfragt, wie es mit meinen eigenen Ambitionen bei Männern aussah. Schließlich waren all meine großen Ikonen – Marlon Brando, Alain Delon, James Dean – bisexuell. In der WG gewöhnte ich mir dann sogar eine leicht schwule Attitüde an, sang laut mit meinen Jungs und ging mit auf ihre Partys. Sobald allerdings eine schöne Frau reinkam, war Schluss mit Attitüde und Trällern. Dann richtete ich mich auf, drückte den Rücken durch und schaltete in den Gockelmodus.

Meine Mitbewohner machten sich darüber immer lustig und meinten: »Mach dir mal keine Hoffnung, Michel, dich kriegen wir in diesem Leben nicht mehr schwul.« Sie sollten recht behalten. Allerdings blieb mir aus dieser Zeit ein Vertrauen in meine eigene Sexualität, das dazu führte, dass es mir völlig egal war, wenn mich jemand für schwul hielt. Es hatte ja auch Vorteile. Als der Professor und ich einen Abstecher zum Motzstraßenfest in Schöneberg machten und dort auf 5000 Leute trafen, die alle männlich und alle schwul waren und zu denen sich nur zwei Hammerbräute verirrt hatten, waren wir die Könige im Ring. Ich ging einmal zum Bierstand, um was zu trinken zu holen, schon hatte der Professor die Geilere der Hammerbräute klargemacht. Er schleppte sie dann auch ab. Aber sie war ihm zu doof, die SMS danach war ein »–«. Vielleicht lag's an Schöneberg. Das war nicht unser Revier.

In Mitte dagegen erzählten bald jedes Haus und jeder Hinterhof, jede Bar und jeder Park eine Lovestory im Miniformat. Es gab den Brotladen, wo ich Lara kennengelernt hatte. Es gab die geduckte Wohnung in der Mulackstraße, in die Sam, die koksfreudige Modedesignerin aus der *WBM*, mich irgendwann doch noch abschleppte. Es gab das Antiquariat in der Zehdenicker, in dem ich zwischen den Regalen mit Denise rummachte. Es gab den Hauseingang in der Linienstraße, in dem eine Papierrolle hing, auf der man Leuten Nachrichten hinterließ, die man nicht antraf, und auf der ich mich mit einem Liebesgedicht für Celine verewigte. Oder das Dachkabuff in der Ackerstraße, in dem ich für Mona den Kohleofen anheizte und danach in der bollernden Hitze mit ihr schlief. Oder das Restaurant in der Rosenthaler, in dem Sebastian und ich nach Feierabend einen Dreier mit der Geschäftsführerin machten. Oder, oder, oder …

All diese Erfahrungen waren mehr als abgeschmackte Episoden einer rastlosen Schürzenjägerexistenz. Sie waren kleine Geschichten, die ich zusammen mit den Frauen schrieb. Nach und nach fügten sie sich zu einem dicht gewebten Teppich aus Erinnerungen zusammen, die mir halfen, Berlin zu verstehen und zu spüren.

Viele Dinge, die ich anfangs schrecklich gefunden hatte, entwickelten eine eigene Qualität. Das Kohlenschleppen und der Räuchergeruch im Winter waren mir noch aus meiner Kindheit in Hamburg vertraut. Dort hatte ich beides gehasst, hier fand ich es irgendwann gemütlich. Der Kohlemief roch nicht nur nach Holz und Feuer und Wärme, sondern auch nach Mona und Sam und Celine. Das Kondenswasser an den dünnen, schlecht isolierten Scheiben, mit dem ich nach dem Sex meine verschwitzte Stirn kühlte, wurde zum Inbegriff der flüchtigen Glücksmomente nach dem Orgasmus. Der moderig staubige Geruch im Sommer, der feuchte Glanz des Kopfsteinpflasters im Herbst, die nach Erwartung duftende Kirschblütenluft der Frühlingsnächte …

All das war Berlin, wo ich immer wusste, dass ich schon irgendwo landen würde. Wo ich mich auf eine Bank setzen und en passant beste Freunde mit einem Fremden werden konnte. Wo alles kaputt, aber lebendig war. Wo die Frage nach dem »Und dann?« keine Rolle spielte. Und wo hinter jeder Straßenecke eine neue Geschichte lauerte.

24

Adam und Eva von der Fischerinsel

Dann ging das große Wandern los. Zuerst zog die *WBM* um. Weil das Haus in der Torstraße grundsaniert werden sollte, durchkämmten Harry und Martin die Leerstände in der Umgebung, um eine neue Location ausfindig zu machen. Es dauerte nicht lange, bis sie eine gefunden hatten. Sie lag nur ein paar Häuser entfernt in der Chausseestraße. Der Umzug wurde nicht ohne Sentimentalität durchgezogen. Es gab eine Abschlussparty, bei der so exzessiv ausgeschenkt wurde, dass die schönsten Frauen am Ende auf allen vieren zum Klo krochen.

Eine Woche später traf man sich zur Einweihung der neuen Bar wieder. Die hatte den gleichen puffigen Rotlichtcharme und den gleichen Ostchic der Siebziger wie die alte, also war keine große Umgewöhnung nötig. Auch sonst war alles unkompliziert. Statt Schlüssel auszutauschen, wurde einfach das Schloss mitgenommen, Steuern zahlten Martin und Harry sowieso nicht, nach Lizenzen fragte auch keiner. Das war die Gegenwart in Mitte! Dass im Torstraßen-Domizil Luxusmieter und ein Möbelgeschäft einzogen, war die Zukunft.

Aber es ging auch anders. Ich selbst wurde aus meiner Wohnung am Helmholtzplatz rausgekauft. Ein paar Tausend Mark bekam ich dafür, dass ich auszog. Von dem Geld gönnte ich mir meinen ersten Urlaub seit Jahren. Derweil hatte der Hauseigentümer freie Bahn, die Wohnung zu renovieren und die Hausfassade in Apfelgrün zu streichen. Danach wurde die Wohnung doppelt so teuer vermietet. Das war der Anfang vom Ende der billigen Mieten und des idyllischen Graus im Prenzlauer Berg. Nach und nach bekamen immer mehr Gebäude bonbonbunte Anstriche, die wohl gute Laune verbreiten sollten, in Wirklichkeit aber einfach nur potthässlich waren.

Ich zog erst mal in den Trainingsraum in der Duncker-straße. Dort hielt ich mich ohnehin öfter auf als zu Hause. Die paar Möbel, die ich inzwischen besaß, verschenkte ich, das Bedürfnis nach einer verrammelten Privatsphäre-Festung hatte ich sowieso nie gehabt. Die spartanischen Nächte, in denen ich mit einer Wolldecke auf der Judomatte schlief, waren einsam, aber schön. Allerdings waren es nicht viele. Als Schnalle mitbekam, dass ich im Trainingsraum übernachtete, hatte er in null Komma nix eine neue Wohnung für mich organisiert. »Klein, aber fein«, sagte er. »Einraumwohnung. Zimmer, Küche, Bad, 150 Mark. Fischerinsel. Beste Lage. Plattenbau. Als Berliner muss man auch mal in der Platte gewohnt haben, wa? Morgen früh um neun machen wir Schlüsselübergabe.«

Ich vertraute ihm. Er hatte mich nie enttäuscht, und ich wusste, er würde es auch diesmal nicht tun. Am nächsten Morgen lief ich, ohne auch nur eine Minute geschlafen zu haben, direkt von einem Job im Weinbergskiez zur Fischerinsel. Es war Sonntag, die Stadt schlief noch. Ich war spät dran. Nebel wallte zwischen den Häusern umher, und die Wolken hingen so tief, dass die Kugel des Fernsehturms komplett verhüllt war. Als ich über den Alex rannte, flatterten links und rechts die Tauben durch den Dunst, als hätte ich sie geweckt.

Ich schwitzte, mein Kopf dröhnte, in meinen Klamotten hing der Geruch von Rauch und Bier und Stress. Alles drehte sich. Ganz ohne Schlaf kam ich nicht aus. Dafür hätte ich die Drogen gebraucht, die ich verachtete. Ob die Wohnung auf der Fischerinsel ein Bett hatte? Als ich an der Adresse ankam, stand Schnalle schon mit den Schlüsseln vor der Tür. Er war selber gerade erst aus dem *E-Werk* gekommen.

»Kommst du noch mit rauf?«, fragte ich.

»Nee, lass mal, ich muss ins Bett«, winkte er ab. »Und du siehst auch aus, als könntest du ein bisschen Schlaf gebrauchen.«

Wir verabschiedeten uns, und ich enterte meine neue Bleibe. Im Treppenhaus roch es wie in allen Plattenbauten. Nach Linoleum und Zitrusputzmittel. Die Wohnung war im achten Stock, sehr klein, aber heimelig. Es gab eine kleine Spüle, ein Bad, einen Einbauschrank, Strukturtapeten, eine Glühbirne an der Decke und Zentralheizung. Ein Bett gab es nicht.

Ein paar Minuten stand ich schwankend da und sah aus dem Fenster. Während ich beobachtete, wie die Nebelschwaden über der Spree dahinzogen, traf mich die Müdigkeit wie ein Schlag. Fast hätte ich mich einfach auf den Boden gelegt, doch die Wohnung war ausgekühlt, und ich fror ohnehin schon. Ich nahm mir vor, meine letzten Reserven zu mobilisieren und meine Sachen aus der Dunckerstraße zu holen. Als ich aus der Tür trat, schloss gerade die Nachbarin gegenüber ihre Wohnung auf. Eine Frau mit hochgesteckten schwarzen Haaren und schmalen Schultern. Ihr Umriss kam mir schlagartig bekannt vor. Als sie sich umdrehte, blickte ich in große strahlende Augen. Sie schienen zu leuchten. Gleichzeitig sprach der schöne volle Mund die Worte: »Hallo, bist du der neue Mieter?«

Ich kannte diese Stimme. Sie wehte an mein Ohr wie ein matter, glühender Sommerwind. Dann fiel es mir wieder ein: Das war die Frau von der Plansche. Die Frau, die dem Professor und mir im letzten Sommer gesagt hatte, dass sie von ihrer Freundin vor uns gewarnt worden war. Die Frau, die unter ihrem Kleid keinen BH getragen hatte. Mein Frösteln verflog schlagartig. Stattdessen wurde mir heiß, während sie sagte: »Kennen wir uns nicht irgendwoher?«

Hatte sie uns damals nicht ihren Namen genannt? Einen Namen, der gut zu der Sehnsucht in ihrem Blick gepasst hatte? Während ich nickte, lief die Erinnerung an jenen Sommertag im Weinbergspark wie ein Film vor meinem inneren Auge ab: der Professor und ich, wie wir über die Wiese rannten, das Spritzen des Plansche-Wassers, die Silhouette, die vor unseren Augen mit dem Sonnenlicht verschmolz: »Rosa?«

Der Name flog über meine Lippen, als hätte ihn mir jemand in den Mund gelegt. Sie lächelte und zögerte kurz. Dann sagte sie: »Willst du mit reinkommen einen Kaffee trinken?«

Ich liebte diese Frage. Immer war sie der Anfang einer Geschichte. Und immer war sie eine Einladung, den Gang der Welt auszuschließen und gemeinsam zu träumen. Nichts wünschte ich mir in diesem Moment sehnlicher, als mit dieser Frau in einen Traum einzutauchen. Das taten wir. Er dauerte drei Monate.

Die Fischerinsel war ein romantischer, isolierter Ort. Sie hing zwischen den Welten. Eingeschlossen von zwei Spreearmen, hatten hier bis zum Zweiten Weltkrieg Schiffer und Fischer ihr Dasein in kleinen Giebelhäusern gefristet. In der DDR war die historische Bausubstanz plattgemacht und durch Hochhäuser ersetzt worden. In einem davon wohnten Rosa und ich. Wir wurden zum heimlichen Königspaar der Fischerinsel. Es gab uns nur hier. Nie kreuzten sich unsere Wege außerhalb der Grenzen unserer Plattenbausiedlung. Ich wusste zwar, dass auch sie irgendwo im Nachtleben arbeitete, aber wenn ich fragte, wo genau, blinzelte sie geheimnisvoll und meinte, dass sie keine Lust hätte, über die Arbeit zu reden. Gleichzeitig wollte sie nie wissen, was ich eigentlich genau machte. Trotzdem waren wir einander ganz nah. Unsere Beziehung war wie der Schauplatz, an dem sie stattfand: eine Insel inmitten des Rauschens der Großstadt.

Wie Vampire verkrochen wir uns tagsüber ins Bett oder tranken Kaffee und Wodka, während wir vom Fenster aus die Nachbarn beobachteten, wie sie zur Arbeit trotteten und nachmittags wieder nach Hause kamen. Da wir beide die Musik der Hippiezeit liebten, hörten wir in voller Lautstärke Rolling Stones, Jimi Hendrix und The Mamas & the Papas, tanzten dazu nackt durch die Wohnung oder liebten uns. Wenn es Nacht wurde, senkte sich eine gespenstische Stille über die neonbeschienenen Wege und die dunklen Parkanlagen zwischen den Plattenbauten herab. Dann gingen wir spazieren. Ebenfalls nackt. Wie Adam und Eva auf LSD wandelten wir an den Ufern der Spree entlang, bis wir froren oder müde wurden. Wenn uns jemand entgegenkam, grüßten wir höflich und freuten uns danach über das Kopfschütteln und die empörten Blicke.

Der Professor hatte in diesen Wochen wenig von mir. Er spottete immer über meine ungewohnte Unnahbarkeit, doch ich blieb geheimnisvoll. Ich erzählte ihm nichts von Rosa. Sie war mein süßes Geheimnis, meine heimliche Flucht. Sobald ich nicht arbeiten musste, zog es mich zurück auf die Fischerinsel, auch wenn ich nie wusste, ob sie zu Hause sein oder wann sie zurückkommen würde. Über Tagesplanung sprachen wir genauso wenig wie über den Job, deshalb gab es auch keinen Rechtfertigungsdruck. Wir lebten in einem knisternden Spannungsfeld zwischen Vorfreude und Ungewissheit, Sehnsucht und Hoffnung. Sobald wir uns trafen, entlud sich die Spannung umso leidenschaftlicher. Ob auch die Angst vor Verlust mitknisterte? Ich weiß es nicht mehr. Aber eines Tages im Juni klebte auf einmal ein Zettel an meiner Wohnungstür. Darauf stand: »Mach's gut, Michel. Wir sehen uns. Deine Rosa«

Ich las die Worte wieder und wieder. Dann klingelte ich gegenüber. Ich wusste, dass es sinnlos war, denn auch das Namensschild war verschwunden. Düstere Erinnerungen an das Klingeln und Klopfen in der Zehdenicker Straße bei Lara kamen wieder hoch. Warum passierte mir so was nur immer und immer wieder?

Diese alles überstrahlende Frage gesellte sich zu all den anderen, die während meiner Zeit mit Rosa unbeantwortet geblieben waren. Es half nichts, sich darüber den Kopf zu zerbrechen, doch ich tat es trotzdem. Dadurch wurde die Fischerinsel zum Gefängnis. Jeden Tag, wenn ich nach Hause kam, empfing mich unweigerlich das leise Knistern der Hoffnung, Rosa würde wiederauftauchen. Das blieb sogar so, als in ihre Wohnung bereits ein neuer Mieter eingezogen war. Auf Dauer war das unerträglich. Ich verbrannte den Zettel und zog weg. Zurück in meinen alten Kiez am Prenzlauer Berg, wo der übliche Alltag zwischen Casting-Allee und Clubtüren mich im Nu wieder im Griff hatte.

Schon bald kamen mir Adam und Eva von der Fischerinsel so unwirklich vor, dass ich Zweifel bekam, ob es sie überhaupt gegeben hatte. Ich hatte mir einen Traum gewünscht und hatte einen bekommen. Nicht weniger, aber auch nicht mehr. Nur die Leere, die hart und unerbittlich in mir gähnte, erinnerte mich daran, dass der Verlust real war. Dass das Glück, das ich mit Rosa empfunden hatte, mehr war als nur ein Trugbild. Natürlich hörte ich mich um und erkundigte mich bei Schnalle und anderen Leuten, bei denen ich mir vorstellen konnte, dass sie sie vielleicht kannten. Fehlanzeige. Niemand kannte Rosa. Dafür kannte mich inzwischen ganz Berlin. Das erfuhr ich auf einer Taxifahrt.

25

»Kennste eenen, kennste alle!«

Dass das Nachtleben in Mitte weltweit berühmt war, wussten wir. Man konnte es an den Unterhaltungen in der *Cookies*-Schlange ablesen, die auf Japanisch, Arabisch, Englisch oder auch in Sprachen geführt wurden, die ich noch nie gehört hatte. Auch dass wir Türsteher als Teil des Mythos »Partystadt Berlin« eine exponierte Stellung hatten, war klar. Unsere Namen standen ja genauso groß auf den Flyern wie die der DJs. Es gab auch immer wieder Zeitungsberichte oder Interviewanfragen, aber da sie meist von Medienleuten kamen, die wir sowieso vom Feiern kannten, blieb der Hype immer in der Familie. Dass meine Bekanntheit dennoch weit über die Mitte-Szene hinausreichte, führte mir erst ein geschwätziger Taxifahrer vor Augen.

Seit dem Aus fürs *E-Werk* arbeitete auch Schnalle öfter im *Cookies*. Wir teilten uns nach Feierabend dann immer das Taxi, das uns zurück in den Prenzlberg brachte. Auch das war eine Folge unserer wachsenden Bekanntheit. Als Türsteher der gefragten Clubs lebten wir gefährlich. Es gab jeden Abend Drohungen von Leuten, die wir nicht reingelassen hatten, also galt die Regel, nach der Arbeit nicht alleine nach Hause zu gehen oder alleine an Bahnhöfen und Parkplätzen herumzulungern. Man musste die Rachegelüste verschmähter Gäste ja nicht herausfordern. Bei einer unserer Heimfahrten gerieten wir an einen Fahrer, der neben lautem Kaugummigeschmatze gar nicht abwarten konnte, schlaue Ratschläge von sich zu geben.

»Na, jute Party jehabt?«, begrüßte er uns, nachdem wir uns erschöpft auf die Rückbank geschmissen hatten. Wir antworteten mit einem kurz angebundenen »Jaja«. Doch das genügte ihm nicht.

»Und? Sind noch 'ne Menge Peoples am Feiern?«

»So an die 500 müssten noch am Tanzen sein«, antwortete Schnalle gelangweilt. Dann guckten wir beide aus dem Fenster und hingen unseren Gedanken nach. Ein Abend an der Tür glich einem siebenstündigen Ritt auf dem Presslufthammer. Die Konzentration war permanent am Anschlag, die Musik dröhnte, man schnappte Gesprächsfetzen, Blicke und Anfeindungen auf und musste sie in Sekundenschnelle verarbeiten beziehungsweise auf sie reagieren. Das schlauchte. Wir waren nicht in Plauderstimmung.

»Na, wenn se euch schon ma rinjelassen haben, habt ihr ja fast schon det jroße Los jezogen, wa?«

»Jaja.«

»Nee, ernsthaft, det is' nich' selbstverständlich. So schnieke seht ihr jetz' nich' aus, datt det selbstverständlich wär.«

»Jaja.«

»Aber ick hab'n heißen Tipp für euch. Damit könnt ihr euch det Schlangestehen sparen.«

Das machte uns dann doch hellhörig: »Klingt interessant. Schieß los.«

»Aber det habt ihr nich' von mir, wa? Det bleibt schön unter uns.«

»Logisch.«

»Also, wenn ihr ins *Cookies* rinwollt, dann jeht ihr einfach anne Schlange vorbei und sagt, datt ihr von Michel kommt! Dann lass'n se euch rinn.«

Spätestens jetzt war unsere Müdigkeit wie weggeblasen.

Tatsächlich hatten in den letzten Wochen immer wieder Leute versucht, sich unter Berufung auf meinen Namen ums Warten zu drücken. Im Grunde kein Wunder, denn das Entourage-Prinzip schlug inzwischen voll ein. Ich bekam täglich 50 SMS von Leuten, die wissen wollten, an welcher Ecke ich stehe, damit ich sie umsonst reinlassen konnte. Manchmal konnte ich das im Vorfeld nicht genau beantworten. Dann schrieb ich den Leuten, sie sollten zur Not den Kollegen sagen, dass sie zu mir gehörten. Das tat ich allerdings nur bei vertrauensvollen Menschen, bei denen nicht anzunehmen war, dass sie die Methode in ganz Berlin herumposaunten.

Irgendwer musste es trotzdem getan haben, was zu kuriosen Begegnungen führte. Einmal hatte ich sogar selbst an der Tür gestanden, als ein wildfremder Bursche und sein Kumpel behaupteten, sie gehörten zu Michel. Die sind danach ganz schön gerannt. Aber woher sie den Tipp hatten, konnte ich nicht herausbekommen. Vielleicht klappte es ja jetzt.

»Geiler Tipp«, lobte ich und verkniff mir das Lachen. »Wo hast du das denn her?«

»Hab ick vonne Jäste.«

»Und wer ist das?«, schaltete sich Schnalle in die Unterhaltung ein. »Wer ist dieser Michel?«

»Na, det is' der Türsteher der Stadt! Der arbeitet im *Cookies* und uff all die wichtigen Partys, verstehste? Wenn de von dem kommst, lass'n se dich rin.«

Diesmal konnten wir nicht antworten. Wir waren zu sehr damit beschäftigt, im Sitz tiefer zu rutschen und uns die Hände vor den Mund zu pressen, um nicht laut loszuprusten. Deshalb entstand eine kleine Pause, in der nichts außer dem Brummen des Wagens und den Kaugummikaugeräuschen des Fahrers zu hören war. Aber das hielt der

Mann am Steuer nicht lange durch. Nach fünf Schmatzern rief er nach hinten: »Aber det is'n Wichser!«

Ich hatte mich gerade so weit gefangen, dass ich zurückrufen konnte: »Wieso das denn?« Dann hielt ich mir wieder die Hand vor den Mund und wartete auf die nächste Weisheit.

»Det is' so'n Schnösel, wa? So'n Eenjebildeter. Der lässt nur de feine Herrschaft rin.«

»Aha«, japste Schnalle.

»Und jemeinjefährlich is' er och.«

»Wieso?« Das war wieder ich.

»Det sind doch alle Türsteher, wa? Kennste eenen, kennste alle.«

»Und du kennst einen?« Schnalle gab sich jetzt keine Mühe mehr, sein Lachen zu verbergen. Warum auch? Wir wälzten uns inzwischen so offensichtlich glucksend in den Ledersitzen, dass jede Zurückhaltung überflüssig war.

»Nee, ick bin ja nich' lebensmüde«, lautete die Antwort. »Aber wissta watt, Jungs?«

Wir schrien das »Nee« fast, als das Taxi auf einmal abrupt anhielt und der Fahrer sich zu uns umdrehte. Er sah missbilligend auf uns herab, als wären wir Meerschweinchen im Käfig, dann sagte er: »Ick kenn zwar keene Türsteher, aber ick kenn meene Pappenheimer. Und ihr zwee beeden steigt ma janz schnell aus jetze.«

Ich war so verblüfft, dass mein Lachflash prompt abbrach und ich ohne Glucksen und Prusten sagen konnte: »Wir sind doch noch gar nicht zu Hause.«

»Det is' nich' mein Problem. Mit Peoples wie euch hab ick Erfahrung. Von euch lass ich mir nich' det Auto vollreihern.«

»Hä?« Jetzt war auch Schnalle wieder ernst. »Vollreihern?«

»Janz jenau. Glaubt ihr, ick bin von jestern? Ihr habt mir eindeutig zu viele Drogen jenommen. Ick kenn meene Pappenheimer.«

»Bleib mal locker. Wir haben überhaupt keine …«

Fünf Sekunden später standen wir auf der Straße, und das Taxi raste mit rauchenden Reifen davon. Schnalle sah dem Wagen kopfschüttelnd hinterher und sagte: »Aber wir sind gemeingefährlich, oder was?« Ich grinste ihn an und imitierte die Stimme des Fahrers: »Det is' halt'n Schnösel. Der lässt nur de feine Herrschaft rin.« Schnalle grinste und zuckte mit den Schultern: »Kennste eenen, kennste alle.« Dann machten wir uns zu Fuß auf den Heimweg.

26

Mission West

Bis jetzt hatte ich Westberlin gemieden, sowohl privat als auch beruflich. Mich reizte die Clublandschaft am Kudamm nicht. Das Gepose und Gechecke, das dort abging, kannte ich zur Genüge vom Hamburger Kiez. Es hatte rein gar nichts vom anarchischen Charme der Mitte-Boheme. Während im Osten ruinöse Fabrikhallen, Autohäuser und Schwimmhallen zu Clubs umfunktioniert wurden und alles rough war, herrschte im Westen der tucky Billigcharme vor, der auf große weite Welt und Rimini machte, in Wirklichkeit aber nur peinlich war. Berlin war nie eine reiche Stadt. Das Ausgelassene der Zwanzigerjahre war nach dem Zweiten Weltkrieg auch im Westteil der Stadt nicht wiedergekommen. Stattdessen gab es die Wilmersdorfer Witwen und die Untergangsstimmung der Siebziger und Achtziger, über die Iggy Pop mal gesagt hat, dass sie ihn total ausgezehrt hat.

Den Existenzialismus dieser Ära, der heute gern romantisiert wird, gab es nach der Wende aber schon nicht mehr. Da hielten höchstens noch ein paar Hausbesetzer in Kreuzberg die alten »Fuck you all«-Fahnen hoch. Die meisten von denen folgten aber den Zeichen der Zeit und waren in den Clubs des Ostens aktiv. Während im Westen weiter das alte Lied von dicken Autos und dicken Uhren, von Gockelgehabe und Möglichst-schnell-erwachsen-werden gesungen wurde. Dieses Lied kannte ich. Es war einer der Gründe gewesen, warum ich aus Hamburg weggewollt hatte. Ich musste ihm nicht hinterherlaufen.

Wenn mich damals jemand gefragt hätte, warum ich mich irgendwann trotzdem ab und zu von West-Clubs anheuern ließ, hätte ich geantwortet, dass ich meinen Horizont erweitern wollte. Aber der eigentliche Grund war ein anderer, auch wenn ich mir das nur in schwachen Momenten eingestand. Er hieß Rosa. Ich wollte ihr nicht nachschnüffeln, dazu war ich zu stolz. Aber neugierig, was hinter der Geheimniskrämerei und ihrem plötzlichen Abgang steckte, war ich schon. Auch die Sorge, dass ihr Verschwinden nicht freiwillig passiert war, ließ mich nicht los. Und weil sie mal erwähnt hatte, dass sie zur Arbeit immer in den Westen fuhr, nahm ich Anfragen vom Kudamm, die ich bislang ignoriert hatte, nun doch an. Vielleicht kannte sie ja irgendwer. Oder sie ging mir an irgendeiner Rimini-Theke ins Netz, und ich konnte sie zur Rede stellen.

So kam ich zum *101*. Das war ein Club am Kudamm, der sich verjüngen wollte und deshalb auf Know-how aus der Mitte-Szene setzte. Im Grunde machte ich hier das Gleiche, was ich zuvor im Osten getan hatte. Nur umgekehrt. Hatte ich die Türen von Mitte revolutioniert, indem ich ihnen durch ein paar Machismen zu mehr Hoheit verholfen hatte, so sorgte ich im *101* dafür, dass das Machotum nicht mehr allein tonangebend war. Das Kuschen vor der dicksten Goldkette erklärte ich zum No-Go, die Gäste erzog ich um. Letzteres war nötig. Hier wehte ein anderer Wind. All das, worüber wir uns in Mitte nur totlachten, war hier noch Gesetz. Wer mit dem größten Schlitten vorfuhr, wurde mit gebeugtem Kopf und Knicks empfangen. Schöne Scheiße.

Ich war inzwischen professionell und erfahren genug, um zu wissen, worauf es ankam. Ich hatte gelernt, dass ein Club mit Stil Persönlichkeiten an die Tür setzte statt zwei Meter breite Schränke aufzustellen, die zehn Leute auf einmal wegklatschten. Ebenso hatte ich gelernt, mich nicht von Sentimentalität und Ehrfurcht beeinflussen zu lassen, sondern den Gästen auf Augenhöhe zu begegnen. Ich stimmte meine Kleidung auf den Job ab, ohne mich dabei zu verkleiden. Ich passte meinen Tonfall und meine Gestik dem Habitus des Publikums an, ohne mich zu verstellen. Wenn ich an der Tür stand, stand immer auch Grotowski an der Tür. So kam ich bei friedlichen Künstlerevents ebenso klar wie bei Hip-Hop-Veranstaltungen. Der Rest war Übermut und Leichtsinn.

Gleich am ersten Abend im *101* fuhr ein schwerreicher Mafiaboss mit seinem 356er Porsche vor. Ein Sondermodell für eine halbe Million. Ich staunte nicht schlecht. Auch wenn ich mich nicht von Statussymbolen manipulieren ließ, imponierten mir Autos wie dieses ja schon. Wenn ich sie durch die Straßen flitzen sah, fand ich es interessant zu beobachten, wie die Besitzer aussahen. Ob sie dem Stil ihrer Wagen gerecht wurden. Ob auch ihre Klamotten ein Vermögen kosteten. Ob sie ihren Reichtum diskret auslebten oder protzig zur Schau stellten. Solche Beobachtungen hatte ich schon als kleiner Junge auf dem Kiez in Hamburg gemacht. Damals hatte ich die wohlhabenden Kiezbosse bewundernd aus der Ferne beobachtet. Hier, im *101*, kam ich ihnen ganz nah.

Der Besitzer des Porsches war ein kleiner, etwas griesgrämig dreinblickender Mittfünfziger mit fliehendem Haaransatz und einer hohen Stirn. Trotz seines wehenden Mantels war er keine besonders imposante Erscheinung. Im Gegensatz zu seinem Bodyguard – einem zwei Meter großen Muskelprotz, der seinen Chef um zwei Köpfe überragte. Mir wurde ein bisschen mulmig zumute. Mit denen sollte man sich besser nicht anlegen. Aber so großkotzig, wie sie auf mich zumarschierten, ohne mich auch nur eines Blickes zu würdigen, war eine Konfrontation unvermeidbar. Zumindest, wenn ich es ernst meinte mit dem Umerziehen der Gäste.

Tatsächlich wären die beiden direkt an mir vorbeistolziert, wenn ich mich ihnen nicht in den Weg gestellt hätte. »Guten Abend«, sagte ich und baute mich im Durchgang auf.

»Hä?«, blaffte der Kleine. »Weg da, ich will rein.«

»Und du?«, wandte ich mich an den Zwei-Meter-Mann.

»Der gehört zu mir«, antwortete der Mafiatyp, bevor der Bodyguard auch nur den Mund aufmachen konnte. Der Herr antwortete für seinen Sklaven. War das Kudamm-Style?

»So kommt ihr heute aber nicht rein.«

»Ich komme hier immer rein.«

»Heute nicht.«

»Warum nicht?«

»Weil du keine Manieren hast. Ihr könnt doch wenigstens mal Guten Abend sagen.«

Ich wusste, dass dieser Tadel dünnes Eis war. Während der kleine Griesgram mit Sicherheit Stammgast war, war ich neu hier. Damit war ich per se schon ein Störfaktor in seinem gewohnheitsgesteuerten Dasein. Dass ich ihn nun auch noch zurechtwies, kam einer Ohrfeige gleich. Ich musste aufpassen, dass er nicht seinen Leibwächter auf mich hetzte.

»Du lässt uns jetzt entweder durch, oder mein Assistent wird dir zeigen, was Manieren sind.«

»Willst du mir drohen?«

»Ja, das will ich.«

»Dann kommst du erst recht nicht rein.« Äußerlich war ich kaltschnäuzig, aber innerlich zitterte ich vor Erregung. Mal wieder hatte ich meine persönliche Hemmschwelle weit überschritten, um meinen Prinzipien und meiner Position gerecht zu werden, doch ich spürte, dass mein Widerstand dahinschmolz. Lange würde ich dem stechenden

Blick des Griesgrams und der geballten Faust seines Begleiters nicht mehr die Stirn bieten können.

Meine Hand schnellte unweigerlich zum Palmstick in meiner Hosentasche, und der Bodyguard registrierte diese Geste. Die Situation stand sprichwörtlich auf Messers Schneide. Plötzlich drehte sich der Mafiatyp mit einem verächtlichen Schnaufen um und stiefelte zu seinem Porsche zurück. Der Zwei-Meter-Mann blieb stehen und fixierte mich. Sein Blick war undurchdringlich, keine Gefühlsregung war darin sichtbar. Ein absoluter Vollprofi, dachte ich. Sicher fragte er sich in diesem Moment: »Welche Armee steht denn hinter dem, dass der so frech ist?« Aber er ließ sich nichts anmerken. Ich wartete darauf, dass er zuschlug. Darauf, dass er mich mit einem Fingerschnipsen ins Nirwana beförderte. Sekundenbruchteile dehnten sich zur Ewigkeit aus. Doch dann: nickte er. Und folgte seinem Chef zum Auto. Gerade, als ich mich entspannen wollte, rief der Griesgram beim Einsteigen zu mir rüber: »Das wird ein Nachspiel haben!«

Dann zog er krachend die Autotür zu. Seine Worte trübten meine Erleichterung über den unerwarteten Rückzug sofort wieder mit Sorge ein. Ein vorübergehender Waffenstillstand an der Tür war fast noch schlimmer als eine sofortige Eskalation. Er warf lange Schatten, von denen man nie wissen konnte, wann und wo sie einen einholten, ähnlich wie die mir noch immer schleierhafte Langzeitfehde mit dem Freefight-Meister. Ein weiterer Riss gesellte sich zu den unendlich vielen feinen Brüchen in meinem abgenutzten Nervenkostüm.

Tatsächlich folgte das Nachspiel nur ein paar Stunden später in der gleichen Nacht. Wieder fuhr der Porsche vor, und mein Herz rutschte in die Hose. So schnell hatte ich nicht mit einer Revanche gerechnet. Wieder kam das ungleiche Paar auf mich zu, wieder blieben sie vor mir stehen, und wieder wartete ich darauf, dass es knallte. Aber diesmal sagten sie nicht nur Hallo. Der Mafiaboss entschuldigte sich auch noch. Er heiße Igor. Er habe einen stressigen Tag gehabt und darüber seine gute Kinderstube vergessen, aber er wolle es wiedergutmachen.

Das tat er, indem er mich den ganzen Abend über mit heißen Getränken versorgte. Als er gegen drei Uhr nachts nach Hause ging, schob er mir zusätzlich seine Karte zu und meinte, ich solle mich melden, wenn ich mir in seinem Luxuskarossen-Verleih ein Auto umsonst ausleihen wolle. Später erfuhr ich, dass er sich hinter den Kulissen über mich erkundigt hatte. Manchmal war ein gewisser Ruf eben doch zu etwas gut. Zumal der reiche Igor seinen reichen Freunden von mir erzählte. Von da an hatte ich keine Probleme mehr mit dem Geldadel aus dem Westen – egal, ob ich im *101,* im *Big Eden* oder im *Café am Neuen See* arbeitete. Mein Nervenkostüm hätte sich erholen können. Wenn da nicht noch immer Peer Fuhrmann und seine Anhänger gewesen wären.

Meine Abstecher zum Kudamm blieben in der Türsteherszene von Westberlin nicht unbemerkt. Und weil ein Großteil der West-Bouncer bei Free Fight Kreuzberg trainierte, gab es wieder regelmäßig Stunk aus dieser Ecke. Entweder ich kam zu einer Veranstaltung, und der Kollege, mit dem ich die Tür machen sollte, raunzte mich zur Begrüßung mit »Denk nicht, dass du deinen Mädchenquatsch aus Mitte hier durchziehen kannst« an, oder es hieß unverblümt: »Bevor du hier eine dicke Lippe riskierst, mach erst mal deinen Kampf mit Peer.« Manchmal erkannte ich sogar Leute wieder, die Fuhrmann vor seinem eigenen Besuch in der Dunckerstraße zu mir geschickt hatte, um mich fertigzumachen.

Ich war inzwischen ziemlich mürbe wegen der dauernden Anfeindungen. Deshalb ließ ich die Vorsicht, die ich in solchen Fällen normalerweise walten ließ, zunehmend außer Acht und beantwortete jeden blöden Spruch mit: »Richte Fuhrmann aus, er soll endlich aufhören rumzulabern und sich dem Kampf stellen.« Ich war mehr als bereit für dieses Duell. Ich war auch bereit, mich allemachen zu lassen, wenn dadurch nur das feige Getratsche aufhörte. Ich hätte sogar in Fuhrmanns Topdisziplin gesparrt – dem Bodenkampf, in dem ich eigentlich nichts draufhatte. Doch es passierte nichts.

Je lauter mein Geschrei wurde, desto ungreifbarer wurde mein Widersacher. Als mir seine leeren Drohungen bis nach Mitte folgten und sogar Marcus mich nach einem Streit anpflaumte, ich solle nicht immer so eine große Schnauze haben und lieber aufpassen, dass Peer Fuhrmann mich nicht fertigmachte, platzte mir der Kragen. Ich schickte Schneider zu seinem alten Boss und ließ ihn Nägel mit Köpfen machen.

Tatsächlich kam er zurück und hatte für den kommenden Montag einen Termin ausgemacht. In den folgenden Tagen trainierte ich doppelt hart, war fahrig und aggressiv. Keine Eskapaden mit dem Professor, keine Frauen, kein Alkohol. Jede Faser meines Körpers fieberte dem Kampf entgegen. Er war mein persönlicher Showdown. Ich hatte das Gefühl, dass ich meinem Ideal von einem gewaltlosen Alltag erst dann näherkommen konnte, wenn diese Hürde genommen war.

Die letzten Stunden vor dem Kampf verbrachte ich mit Schneider in der Dunckerstraße. Wir trainierten, um uns die Zeit zu vertreiben, waren aber beide nicht bei der Sache. Er war angespannt, weil er seinen alten Boss wiedertraf, ich war aufgeregt, weil ein seit Monaten schwelender Konflikt auf sein Finale zusteuerte – ein Finale, das für mich nur mit Triumph oder Zerstörung enden konnte.

Doch dann: Zur vereinbarten Uhrzeit erschien erst keiner, zehn Minuten später klingelte Schneiders Handy. Es war Fuhrmann. Er sagte ab. Er machte sich nicht mal die Mühe, sich eine originelle Ausrede einfallen zu lassen. Angeblich stand er im Stau. Wir verschoben den Termin auf die Folgewoche. Da kam er nicht, weil er länger arbeiten musste. Danach gab es noch drei weitere Termine: Beim ersten musste er zum Zahnarzt, beim zweiten war das Auto kaputt. Danach gingen ihm die Ausreden aus. Da stand er wieder im Stau. In meiner Vorstellung steckt er da bis heute fest.

Der schwelende Konflikt, der mich über Monate in Anspannung gehalten hatte, der mich wachgehalten und wie besessen hatte trainieren lassen, verpuffte einfach. Wie ein Silvesterknaller, der sich im plötzlich einsetzenden Regen nicht recht zünden ließ. Danach war endgültig Schluss mit den Anfeindungen von Free Fight Kreuzberg. Der Deckmantel des Schweigens legte sich über die Sache, und die Kollegen von der Tür verlagerten ihr Konkurrenzgebaren in andere Bereiche.

Letztendlich war der Pseudo-Konflikt Fuhrmann-Ruge für viele ja nur ein Ventil gewesen, um ihre eigene Rivalität zu mir oder zum Erfolg der Ost-Clubs auszuleben. Von daher war er für mich ein perfektes Beispiel für die lächerlichen Machtkämpfe, die Berliner Türsteher miteinander ausfochten. Letztlich läuteten meine Abstecher an den Kudamm aber auch das Hereinbrechen der West-Strukturen in das freiheitliche Chaos des Ostens ein. Während die Reichstagsbaustelle ihrer Vollendung entgegenstrebte und sich in Bonn immer mehr Politiker für ihren endgültigen Umzug nach Berlin rüsteten, wetzten die Disco-Pumper vom Kudamm schon die Messer für den Angriff auf die Mitte-Szene.

27
Begegnung am Rande

Ich lief die Greifswalder Straße entlang und dachte nach. Um zur Besinnung zu kommen. Um mich selbst wieder zu spüren. Vier Nächte lang hatte ich durchgearbeitet und gefühlte fünf Wochen nicht mehr richtig gelacht. Ich war unglaublich müde. So euphorisierend das Rauschen des Nachtlebens sein konnte, so ernüchternd war es, sobald es verstummte. Dann verlor sich die Euphorie auf einmal in einem endlosen Kosmos der Stille, und man selbst wurde zum hohlen Echo der eigenen Nachtschattenexistenz. Ich konnte mich immer weniger über das Gerede freuen, ich sei der bekannteste Türsteher Berlins. Es bedeutete mir nichts mehr. Denn am Ende war ich nichts weiter als ein Rädchen im Getriebe des Nachtlebens.

Manchmal empfand ich diesen »Titel« sogar eher als Beschimpfung denn als Kompliment. Es kam mir vor, als ob meine Bekanntheit die Sinnlosigkeit des Berufs unterstrich. Denn was hatte ich schon davon, dass ich ein bekannter Türsteher war? Gar nichts. Alle anderen schienen davon zu profitieren – meine Freunde, weil sie umsonst in die Clubs konnten, meine Bekannten, weil sie mich fragen konnten, wann wo die beste Party abging, meine Arbeitgeber, weil sie meinen Namen auf ihre Flyer drucken konnten. Aber für mich selbst sah ich inzwischen mehr Nachteile als Vorteile.

Da meine Tagesabläufe eine Art Negativ der bürgerlichen Standards darstellten, war ich überall außen vor. Meine Position bei der Arbeit war sinnbildlich. Während die Leute im Club das Leben feierten, saß ich vor der Tür und machte nicht mit. Das führte dazu, dass ich mich asozial fühlte. Dass es mich obendrein beziehungsunfähig machte, war mir beim letzten Silvester klar geworden.

Ich hatte eine Liaison mit einer Frau, die beim Fernsehen arbeitete. Die Beziehung war noch frisch, und am liebsten hätte ich jede Minute mit meiner Flamme verbracht, aber wenn ich freihatte, war sie meist unterwegs, und wenn sie freihatte, musste ich arbeiten. Deshalb sahen wir uns selten. Damit wir zu Silvester aufs neue Jahr anstoßen konnten, ging sie mit ihren Medienfreunden im *Weekend* feiern, wo ich an dem Abend die Tür machte.

Sprichwörtlich zwischen Tür und Angel stellte sie mir ein paar ihrer Bekannten vor, doch entspannte Gespräche waren unter den gegebenen Umständen natürlich nicht möglich. So endete das Ganze damit, dass alle hübsch rausgeputzt in den Club strömten, während ich wie immer mit meiner Funktionskleidung an der Tür sitzen blieb und mich den ganzen Abend mit betrunkenen Passanten herumschlug. Alle zwei Stunden kam meine Freundin nach unten, um mir etwas Liebes ins Ohr zu säuseln. Mit jedem Mal wurde sie besoffener. Statt mich über ihre Liebesschwüre zu freuen, machte ich mir Vorwürfe, dass ich ein schlechter Freund war, der es nicht einmal schaffte, mit seiner Liebsten vernünftig Silvester zu feiern.

Das war jetzt drei Monate her. Vor einem Monat hatten wir uns getrennt. Seitdem fühlte ich mich ausgelaugt, einsam, fertig. Deshalb begab ich mich jetzt, mit diesem Spaziergang, auf die Spur des alten freiheitlichen Lebensgefühls.

Kurz nachdem ich nach Berlin gezogen war, war ich ständig in der Gegend herumgestreunt und hatte mich durch das Grau der Straßen treiben lassen. Zugegeben: Auch damals hatte ich mich einsam gefühlt, weil ich noch niemanden gekannt hatte, aber es war eine freie, selbstbestimmte Einsamkeit gewesen. Ich war ihr mit lauten Selbstgesprächen begegnet, derentwegen mich andere Spaziergänger immer angeglotzt hatten, als hätte ich nicht alle Tassen im Schrank. Das hatte mich immer amüsiert. Ob das jetzt überhaupt noch klappte? Während ich darüber nachdachte, wurde mir klar, dass ich gar keine Idee hatte, worüber ich mit mir selbst reden sollte. Die düsteren Gedanken, die mich plagten, waren zu persönlich, um sie laut in die Welt hinauszuposaunen, aber etwas anderes fiel mir nicht ein.

»Mir fällt nichts ein«, murmelte ich vor mich hin. Ruckartig blieb ich stehen. Da war es doch! Das alte Gefühl. Etwas lauter wiederholte ich: »Mir fällt nichts ein! Es gibt einfach kein Thema.« Ein Mann ging vorbei und streifte mich mit seinem Blick. Ich sah ihn an, zuckte mit den Schultern und sprach in seine Richtung: »Tut mir leid, es gibt nichts zu bereden.«

Er hastete weiter, als ob er mich nicht gehört hätte. Ich lächelte und setzte mich wieder in Bewegung. Grinsend ließ ich mich die Greifswalder Straße runtertreiben und beredete dabei mit mir selbst, dass es nichts zu bereden gab. Ich bekam richtig gute Laune davon. Jedes Mal, wenn die Leute mich misstrauisch musterten, sprach ich sie direkt an und wurde noch munterer. Ich machte die Passanten zu Statisten in meiner persönlichen Dada-Performance und freute mich über jeden, der auftauchte. Auch über die schlanke Frau, die mir mit einem kleinen Kind an der Hand entgegenkam. Ich brachte mich in Stellung und setzte zu meinem Monolog an, doch als die beiden näher kamen, wurden sie schlagartig von Statisten zu Hauptfiguren.

Die Frau war Lara. Mit ihrer Tochter. Mit meiner Tochter. Meine gute Laune wurde von einem unsichtbaren Schlag in die Magengrube abgewürgt. Wir rollten aufeinander zu wie Panzer auf Kollisionskurs, es gab kein Ausweichen mehr. Wir hätten einander höchstens ignorieren können, aber dazu waren wir dann doch zu erwachsen.

Im Grunde hätte ich meine »Mir fällt nichts ein«-Litanei mit Lara direkt weitersingen können. Sie passte ganz gut zu unserer Gesprächsebene. Wir hatten uns nichts zu sagen. Weil wir die wichtigen Dinge nicht anzusprechen wagten, redeten wir banales Zeug. Ich weiß nicht mal mehr, worum es ging. Ich war die ganze Zeit abgelenkt, denn das kleine Mädchen an Laras Seite war völlig aufgedreht, tanzte um mich herum, lachte, zog mir am Hosenbein und brabbelte unentwegt, als wollte es mir in wenigen Minuten all die Zuneigung entgegenbringen, die es in den letzten drei Jahren für mich aufgespart hatte. Sie war tatsächlich schon drei Jahre alt, die kleine Lara Marie. Wie schön sie war. Und wie ihr Lachen noch immer strahlte.

»Ich bin dein Papa«, wollte ich sagen. Aber ich tat es nicht. Ich redete einfach weiter mit Lara, ohne darauf zu achten, worüber, und beobachtete dabei mein tanzendes Kind. Was wohl geworden wäre, wenn wir uns damals wieder zusammengerauft hätten? Ob ich dann überhaupt mit der Türsteherei angefangen hätte? Ob ich jetzt vielleicht hauptberuflicher Vater wäre? Ob ich dann mitmischen würde im Reigen der bürgerlichen Standards? Und ob ich vielleicht doch noch anfangen sollte, um mein Recht auf Lara Marie zu kämpfen? All diese Fragen gingen mir durch den Kopf, nachdem ich mich auf der Greifswalder Straße von Lara und unserer Tochter verabschiedet hatte und ihnen wehmütig hinterhersah. Sie schwebten zurück in ihre sichere, kleine Welt. In der es keinen Platz für mich gab. Bei der ich bestenfalls vor der Tür saß. Dazu fiel mir dann auch nichts ein.

28

Sieben gegen sieben

Dass sich die West-Clubs zunehmend an den Strukturen und Konzepten im Osten orientierten, hatte nicht nur wirtschaftliche Gründe. Es hing auch damit zusammen, dass auf dem Kudamm eine albanisch-arabische Clubmafia ihr Unwesen trieb, deren Zugriff sich die Diskothekenbesitzer entziehen wollten. Eine einfache Methode war, mafianahe Leute von den Türen zu entfernen und durch erfahrenes Personal von den Ost-Türen zu ersetzen. Dass diese Taktik sich irgendwann rächen würde, hätte man sich von vornherein denken können.

Es fing damit an, dass die Nachricht von einer Diskothekenschießerei die Runde machte. Auf der Tanzfläche eines Kudamm-Clubs hatten zwei Typen um sich geballert und dabei mehrere Leute verletzt. Die Täter waren flüchtig, aber es war klar, dass die Mafia hinter der Attacke steckte. Für alle, die sich ein bisschen besser auskannten, hieß das: Onur und seine Jungs hatten wieder zugeschlagen. Onur war bekannt für seine brutalen Schutzgelderpressungen und Revierkriege. Eines seiner Markenzeichen war, Leuten, die sich mit ihm anlegten, die Beine zu brechen. Er machte sich dabei allerdings nicht selbst die Finger schmutzig. Stattdessen ließ er seine deutschlandweiten Connections spielen und setzte Profi-Brutalos aus Nordrhein-Westfalen auf seine Feinde an. In NRW war die Mafia noch tausendmal krasser aufgestellt als in Berlin.

Als ich von der Diskoschießerei hörte, ahnte ich, dass der Wind in Zukunft rauer werden würde. Von St. Pauli wusste ich, dass Gewalt immer zu einem Flächenbrand wurde, wenn sie erst einmal eskaliert war. Es würde weitere Schießereien geben, und Onur würde keine Ruhe geben, bis er die renitenten Clubbesitzer wieder im Griff und die Kudamm-Türen unter Kontrolle hatte. Von Bekannten hatte ich gehört, dass er ein knallharter Egozentriker ohne jegliche Skrupel war. Eser, den ich noch aus Hamburg kannte und der inzwischen Bordellier im Berliner Wedding war, erzählte mir im Vertrauen, er habe gehört, dass Onur auch die Ost-Clubs im Visier hatte.

Ich hätte diese Info nutzen können, um mich zurückzuziehen, bevor es ungemütlich wurde, doch das hätte ich als Verrat an der Großen Freiheit Mitte empfunden. Also wappnete ich mich mal wieder für den Angriff. Ich hatte einen Heidenrespekt vor Onur. Für mich war er nicht nur der Brutalo, über den man krasse Geschichten in der Zeitung las, er war auch der Rädelsführer einer minutiös durchorganisierten und wie ein Uhrwerk funktionierenden Truppe. Aus meiner Gang-Zeit wusste ich, dass es für so etwas mehr bedurfte als einer losen Faust. Man brauchte Charisma, Verführungskraft und natürliche Autorität. Das waren Eigenschaften, die mir auch imponierten, wenn sie nicht in den Dienst der richtigen Sache gestellt wurden. Es war also weniger Abscheu, die ich bei Geschichten über Onur empfand, als vielmehr Respekt und Ehrfurcht. Ich wusste, dass da ein starker Gegner im Anmarsch war.

Fortan trug ich an der Tür nicht mehr nur meinen Palmstick und mein Messer bei mir, sondern auch eine Metallstange, die ich »das Eisen« nannte. Sie sollte im Fall der Fälle als Kraft- und Meinungsverstärker dienen. Von Marcus und anderen Kollegen wurde ich dafür belächelt. Nur Schnalle verstand mich. Wie ich war auch er mit Jugendgangs und Schlägereien groß geworden. Und wie ich unterhielt auch er bis heute Kontakte zu Leuten im Milieu. Er verstand meine Welt.

Und dann standen sie eines Abends auf einmal vorm *Cookies* wie eine Fata Morgana aus einem Western: sieben muskulöse Typen mit langen schwarzen Lederjacken und bösem Blick. Ich wusste vom ersten Moment an, dass sie nicht zum Schlangestehen oder zum Partymachen gekommen waren. In der kunterbunten Menge der *Cookies*-Gäste wirkten sie wie Raben, die gekommen waren, um den unschuldigen Paradiesvögeln die Augen auszuhacken. Die Wahrheit war allerdings noch viel bedrohlicher. Ein schneller Blickkontakt mit dem Kollegen genügte, um zu registrieren, dass auch Marcus sofort kapiert hatte, was los war. Er reagierte blitzschnell und alarmierte unsere Garderobenfrau Ellie, die direkt hinter ihm stand. Diskret, aber unmissverständlich rief er ihr zu: »Überfall!«

Ich sah aus dem Augenwinkel noch, wie im Vorraum Tumult losbrach und Ellie ein Telefon zückte. Dann hatte uns die schwarze Macht auch schon erreicht. Auch wir waren zu siebt an der Tür, allerdings hatten nur Schnalle und ich Erfahrungen mit Prügeleien. Außerdem stand für mich außer Frage, dass die Eindringlinge bewaffnet waren. Unsere Crew stand trotzdem dicht an dicht und schaffte es zunächst, den Angriff der Raben hinauszuzögern.

Marcus trat vor, um mit dem Anführer zu reden: Onur. Ich rückte sofort nach, baute mich hinter meinem Kollegen auf und gab ihm Deckung. Meine Faust umklammerte das Eisen in meiner Hosentasche so fest, dass es schmerzte, und meine Zähne mahlten so brutal auf meinem Kaugummi herum, dass sie knirschten.

Ich sah nur noch schwarzes Leder. Rechts neben mir hatte sich einer von Onurs Männern postiert, an der anderen Seite des Zugangs drängelten sich drei weitere, deren unerbittlichem Nach-vorne-Drängen sich Schnalle nach Kräften entgegenstellte. Die meisten Gäste schienen noch nicht zu bemerken, dass hier gleich die Hölle losbrechen würde. Aus der Schlange drang das übliche vielsprachige Stimmengewirr und Gegacker an mein Ohr und verlieh der Situation eine surreale Atmosphäre. Es durchschnitt das gedämpfte Gemurmel von Marcus und Onur. Ich bewunderte die beiden. Marcus für seinen unerschütterlichen Glauben an die befriedende Kraft der Worte, Onur für seine unerschrockene Gelassenheit im Vorfeld der Attacke. Er war mit seinen Männern gekommen, um unsere Tür zu übernehmen. Sie hatten nicht weniger vor, als das *Cookies* zu erobern, und würden dabei vielleicht sogar über Leichen gehen. So viel war mir klar. Es war nur noch eine Frage von Minuten, bis hier Leute zu Boden gingen.

Plötzlich straffte sich der Schwarzmantel neben mir. Auch die drei Schläger an Schnalles Seite hörten für einen Moment auf zu drängeln. Scheiße, es ging los. Mein Atem beschleunigte sich, mir wurde schwindelig. Noch einmal holte ich tief Luft. Noch einmal knirschte mein Kiefer über mein völlig zerfetztes Kaugummi. Ich zog meine Faust mit dem Eisen aus der Hosentasche … Dann blitzte von der Straße her der Reflektor des Blaulichts über meine Netzhaut. Gerettet!

29
Der Beinebrecher aus Tschetschenien

Von Ellies Anruf bis zum Eintreffen des Sonderkommandos hatte es genau neun Minuten gedauert. Die schwarzen Raben waren so plötzlich verschwunden, wie sie gekommen waren. Danach war förmlich spürbar, wie die allgemeine Erleichterung die Luft aufklaren ließ. Wie ein kollektives Aufatmen unsere Siebenermannschaft durchzitterte. Allerdings blieb auch eine gewisse Betroffenheit zurück. Eine betretene Ruhe, in der die Erkenntnis mitschwang, dass wir unseren Job an der Tür vielleicht zu sehr auf die leichte Schulter nahmen. Am nächsten Tag wurde die Eingangstür vom *Cookies* mit Stahl verstärkt, und jeder Türsteher bekam eine schusssichere Weste. Das waren akute Schutzmaßnahmen. Aber es waren auch Vorboten eines großen Wandels. Die Ost-Türen hatten ihren Frieden verloren.

Schnalle und ich hatten allerdings erst mal ganz andere Sorgen. Der Rückzug des Onur-Trupps war mit einer Drohung einhergegangen, die die meisten gar nicht mitbekommen hatten. Sie hatte Schnalle gegolten. Bei der Rangelei mit den drei Schwarzjacken musste er eine Grenze überschritten haben, die Onur vor seinem Abflug zu der Ankündigung trieb: »Na warte, du weißt, was jetzt passiert.« Weil wir über Onur im Bilde waren, wussten wir es tatsächlich: Onur wollte Schnalle die Beine brechen lassen.

Wir telefonierten sofort rum. Weil wir wussten, dass

Onur seine Beinebrecher in der Mafiaszene in NRW rekrutierte, rief Schnalle seinen Freund Achmed in Köln an, der seinerseits Beziehungen in die Brutaloszene am Rhein hatte. Ich bestellte derweil Valon ein, der zu einer bekannten Albanerfamilie aus Hamburg gehörte und ebenfalls ein harter Knochen war.

Beide kündigten sich für den folgenden Tag an. Das war ein Mittwoch, und Schnalle und ich mussten bei einer Medienparty in Friedrichshain die Tür machen. Es war die Großveranstaltung einer Plattenfirma, bei der junge Musiker vorgestellt wurden und der neue Status Berlins als Popmetropole zelebriert wurde. Das Publikum bestand aus jungen Künstlern, schicken Agentinnen und sonstigen Leuten, die man heute wahrscheinlich als Hipster bezeichnen würde.

Bei diesem Event fuhr Valon mit einem klapperigen VW-Bus vor und kippte uns seine fünf Brüder vor die Füße, die alle aussahen, als hätte man sie direkt aus einem albanischen Dorf nach Berlin verfrachtet. Sie hatten speckige Klamotten und struppige Frisuren, aber das war ihnen egal. Die Hauptsache war, dass sie alle eine Wumme einstecken hatten. Sie waren bester Stimmung und taten im Grunde erst mal nichts anderes als das, was die Lederjacken am Tag zuvor im *Cookies* vorgehabt hatten. Sie polterten an uns vorbei und stürmten die Party. Das meinten sie, sich nach der dreistündigen Autofahrt verdient zu haben. Übers Geschäft konnte man später reden. Ich ließ sie natürlich durch, schließlich hatte ich sie herbestellt. Insgeheim dachte ich trotzdem: *Scheiße, hoffentlich machen die keinen Ärger!*

Nach zwei Stunden kamen sie amtlich angesoffen wieder raus und grölten: »Hey Michel, geile Party, die haben uns die ganze Zeit eingeladen!« Danach sprangen sie in die Spree, um eine Runde zu schwimmen. Später erfuhr ich, dass sie an der Bar mit bösem Blick erzählt hatten, ich hätte ihnen gesagt, sie könnten hier umsonst trinken. Das stimmte zwar nicht, aber es hatte gewirkt. Sie waren eben eine brandgefährliche, aber völlig chaotische Partyclique. Um Onur Respekt einzuflößen, schienen sie mir dann allerdings doch nicht die Richtigen zu sein.

Achmed dagegen hatte inzwischen herausgefunden, wen Onur auf Schnalle angesetzt hatte – und dabei festgestellt, dass Schnalle und sein Vollstrecker sich bereits kannten. Achmed und der Beinebrecher kamen dann zusammen nach Berlin. Schnalle und ich waren sogar mit im Auto, als sie zu Onur fuhren. Der Beinebrecher war ein Zwei-Meter-Riese, der im Tschetschenien-Krieg gewesen war und uns im Laufe der Fahrt eine Grausamkeit nach der anderen auftischte. Es ging um Enthauptungen, Vergewaltigungen, Hinrichtungen. Irgendwann präsentierte der Tschetschene voller Stolz ein Foto, auf dem er den Kopf eines getöteten Soldaten in der Hand hielt. Spätestens jetzt wurde mir schlecht. Ich wurde immer kleiner in meinem Sitz und hätte mich am liebsten in Luft aufgelöst. Ich mied den Blick des Kriegsverbrechers in der Hoffnung, dass er meine Anwesenheit gar nicht registrierte. Ich wollte nicht, dass er mich wahrnahm. Weil ich fürchtete, dass ich nicht mehr sicher sein würde, sobald mein Gesicht erst mal in seiner Erinnerungskartei gespeichert war. Verstohlen betrachtete ich immer wieder seine riesigen Hände. Eigentlich sahen sie ganz normal aus. Aber der Gedanke, dass mit ihnen getötet, geköpft und vergewaltigt worden war, machte sie zu Furcht einflößenden Mordwerkzeugen.

Die Bilder dieser Fahrt verfolgten mich noch Wochen danach bis in meine Träume. Die riesigen Hände griffen nach mir, das Foto mit dem Soldatenkopf begann zu leben und saugte mich blutdurstig in sich hinein. Selbst wenn ich wach war, blitzte das Bild des abgeschlagenen Schädels immer wieder vor meinem inneren Auge auf wie ein grauenerregendes Mahnmal.

Wir fuhren zu einem Shisha-Café im Wedding. Ich wartete draußen, während Onur mit Achmed, dem Tschetschenen und Schnalle sprach. Nach einer halben Stunde trat Schnalle, gehüllt in eine süßlich duftende Rauchwolke, auf die Straße und sagte: »Los, wir hauen ab.«

Er war sichtlich gelöst, aber er erzählte nicht, was sie genau besprochen hatten. Da ich spürte, dass er das auch nicht wollte, hakte ich nicht nach. Ich weiß bis heute nicht, was genau passiert war. Wichtig war nur, dass irgendwann beiläufig die Bemerkung fiel: »Und im *Cookies* haben wir in Zukunft auch unsere Ruhe vor Onur.«

Sie bewahrheitete sich. Es gab keine weiteren Übernahmeversuche. Auch unsere schusssicheren Westen waren bald Geschichte. Weil wir eitel waren und in warmen Sommernächten im engen T-Shirt arbeiten wollten, schickten wir sie zurück in die Versenkung. Wir waren unverbesserlich.

30
Nächste Ausfahrt Überholspur

Leben auf der Überholspur«, redete der Professor sich in Rage, als wäre er gleichzeitig auf Speed, MDMA und Kokarette. »Das isses doch. Voll auf der Überholspur. Gas geben, Rock 'n' Roll, nie schlafen, abfeiern ohne Ende, Alter!«

Wir saßen vorm *Galao*. Casting-Allee-Action. Unser Element. Martin und Schnalle waren auch dabei. Es war Mittag, und die Sonne knallte so heiß, dass der Schweiß nur so meine Schläfen hinunterlief. Ich konnte kaum atmen. Auch so konnte der Sommer in Berlin sein: unbarmherzig, stechend und erdrückend staubig. Der elende Staub betäubte alles – den Geschmack meines Espressos genauso wie meine Gefühle. Ich konnte nicht in die Euphorie des Professors einstimmen, deshalb sagte ich missmutig: »Machen wir das nicht sowieso schon?«

»Ach du Scheiße, Michel hat schlechte Laune«, sagte Martin.

»Ja, weil er die kleine Blonde aus dem *White Trash* nicht gefickt hat«, stimmte der Professor zu.

»Dabei war die Dunkelhaarige mit den dicken Titten auch süß.«

»Aber die Blonde hatte den geileren Arsch.«

»Wer braucht einen Arsch, wenn er solche Titten hat?«

»Ach, du kennst doch Michel.«

Tatsächlich hatten wir einen wilden Trip durchs Nachtleben hinter uns. Er hatte vor zwei Tagen bei irgendeiner Vernissage begonnen und erst hier geendet. Das übliche Mitte-Theater. Auf der Ausstellung hatten wir die üblichen Verdächtigen getroffen und uns mit dem üblichen »Ach, du bist auch hier«-Gefasel in Stimmung gebracht, das inzwischen alle Begegnungen an der Tür und auf den Straßen begleitete. Es war wie ein Ritual, mit dem wir uns gleichzeitig fallen ließen und aneinander festhielten. Es war der Türöffner für das, was der Doktor die Überholspur nannte.

Nach zwei, drei Wodka war ich gut drauf gewesen. Die gute alte Freiheit Mitte hatte sich eingestellt. Das Aufgehobensein in dieser Gruppe der verlorenen Seelen, von denen keine so genau wissen wollte, wo sie wirklich hingehörte. Und von denen deshalb alle ständig nach irgendetwas suchten. Wir hatten nicht mehr als die Zeit, die uns blieb, deshalb rannten wir ihr begierig entgegen. Die Ungeduld trat mir ständig in den Rücken. Sie war das Feuer, das mich antrieb, eine oberflächliche Hure, die mich immer an allem teilhaben lassen wollte. Dabei sein war alles. Voll drin sein mit Haut und Haaren.

Also weiter zur nächsten Party: eine Ladeneröffnung am Hackeschen Markt. Eigentlich viel zu hochglänzend und zu neonhell für uns. Aber wir waren bekannt, die Drinks waren umsonst und die Frauen schön. Prost drauf! Anstoßen mit einer süßen Maus aus dem Prenzlauer Berg. Sie zog mit uns weiter in eine Bar. Feuchte Küsse am Tresen. Danach fuhr ich mit zu ihr und fickte standhaft gegen die Müdigkeit an. Hinterher schlief sie ein. Ich nicht, auch wenn ich's gern getan hätte.

Die Ungeduld trat mich zurück auf die Straße. Morgengrauen. Wo war ich hier? Ich schwankte zur S-Bahn Landsberger Allee, taumelte in den nächstbesten Zug. Dort übermannte mich dann doch der Schlaf. Ich wachte erst in

Adlershof wieder auf. Das war Endstation in jeder Hinsicht. Hier standen die Uhren still. Bloß weg! Der Bus zurück nach Mitte war genauso leer wie ich selbst. Ich fühlte mich wie eine Hülle. Kein Geist, kein Herz, nichts im Magen. Schlafen ging nicht mehr, also hielt ich mich mit Gedanken an Sex aufrecht. War ich eigentlich der einzige Mensch auf der Welt, der ständig an Sex dachte? Der einzige Sklave schmutziger Gedanken und Ideen? Ach, nein, da gab es noch jemanden. Mein Handy klingelte.

Der Professor war dran: »Alter, wo bist du denn?«

»Adlershof!«

»Adlershof? Ach, du Scheiße. Na, hoffentlich war die Kleine das wert.«

Hinter ihm erklang Schnalles Stimme, die aufgedreht in den Hörer rief: »Alter, du musst herkommen, wir machen heut auf Jeansboys.«

Wie in Trance machte ich mich auf den Weg. Ich trieb durch die Stadt. Zwei Stunden später staubten wir bei einer Verschenk-Aktion eines Klamottenladens in der Neuen Schönhauser Jeanshosen, Jeansjacken und Häppchen ab. Dann gingen wir zur Agentur Kümmerling und Tischbein, bei der wir als Opinion Leader Schuhe und T-Shirts umsonst bekamen. Als wir am Abend zurück auf der Casting-Allee waren, war mein einziges Kleidungsstück, das nicht neu war, meine Unterhose. Darauf erst mal einen Espresso. Und die nächste Vernissage. Wo diese niedliche Blonde herumgelaufen war.

Wir hatten sie gestalkt. Waren ihr ins *White Trash* gefolgt. Der Professor hatte sie mir vor der Nase weggeschnappt. Die mit den dicken Titten hatte einen Pfeffi nach dem anderen ausgeschenkt. Sie war lustig gewesen, hatte mich zum Lachen gebracht, so sehr, dass ich mich irgendwann auf dem Boden gekugelt hatte. Sie war mit Martin knutschen gegangen, während mein von Lachtränen verschleierter Blick an einem Fernseher kleben geblieben war, auf dem ein Pornofilm lief und lief und lief und lief. Stunden vergingen wie Minuten. Ich dämmerte halb wach, halb taub vor mich hin. Der Film startete immer wieder neu. Aber ich war ausgeschaltet.

Irgendwann hatten sie mich geweckt und hierher in die Sonne gezerrt, um mir den Mist von der Überholspur zu erzählen. Doch die Worte des Professors wurden in meinem Kopf von wirren Gedanken niedergebrüllt: *War das hier wirklich noch die Große Freiheit Mitte, die wir uns aus der Leere der Mittellosigkeit und mit der bloßen Kraft eigener Ideen erschaffen hatten? Waren wir nicht längst in den totalen Überfluss gekippt?*

Unsere Clubs waren weltweit berühmt, wir wurden hofiert und bekamen alles hinterhergeschmissen. Immer mehr Veranstaltungen wurden durch Sponsoren auf Überlebensgröße aufgeblasen. Es machte ja auch Spaß, den eigenen Ideenreichtum mithilfe großer Budgets noch reicher aussehen zu lassen. Aber es war auch ein Ausverkauf der freien Szene. Große Unternehmen verhalfen sich selbst zu einem hippen Ruf, indem sie ihre Logos auf unsere Veranstaltungen pappten. Für uns fühlte sich das bisher noch nach Rockstarfeeling an, aber es war natürlich Fake. Denn es war Kommerz.

Auch das Ding mit den Frauen hatte an Reiz verloren. Vielmehr war es zu einer Manie geworden. Zu einer Sucht, die mich zur Marionette meiner eigenen Gelüste machte. Kam eine Frau die Casting-Allee entlanggetrapst, folgte mein Kopf ihr wie von selbst. Ich ergab mich meiner billigen Attitüde, die mich immer mehr in eine Rolle drängte, die ich eigentlich verabscheute. Hinzu kam der ständige Druck, mit meinen Freunden mithalten zu müssen, ihren

Hunger nach neuen Anekdoten zu befriedigen. Wenn ich keine neuen Frauengeschichten auf Lager hatte, fühlte ich mich langweilig oder nicht richtig zugehörig. Schon wenn ich eine Frau ansprach, achtete ich auf bestimmte Reaktionen oder Details, die ich später in meinem Bericht instrumentieren und ausschmücken konnte.

Ähnlich wie bei den Battles mit dem Professor, bei denen es längst nicht mehr um die Frauen oder wirkliche Geilheit ging, sondern eigentlich nur noch darum, dass wir miteinander spielen konnten, war es inzwischen auch mit den Eroberungen. Triebabfuhr und wirkliches Begehren waren zur Nebensache geworden. Hauptsache war, dass eine gute Geschichte dabei herauskam. Die Geschichten waren zu Alibis geworden, mit denen ich mich selbst über mein Scheitern und die Sinnlosigkeit meiner Existenz hinwegtäuschte.

Während der Professor mittlerweile als Arzt gutes Geld verdiente und nebenbei an seiner Doktorarbeit schrieb, fungierte ich noch immer an den Clubtüren als Durchlauferhitzer für Berliner Nachtschwärmer, die ihre verspätete Adoleszenz auslebten. Sie kamen und gingen. Manche für ein Wochenende, manche für mehrere Jahre, aber irgendwann kehrten sie zurück in ein geordnetes Leben am Tage, das für mich in immer weitere Ferne rückte, weil ich tagsüber nur noch schlief oder trainierte.

Solchen Gedanken hing ich nach, während die trockene Hitze jede Pore meines Körpers mit ihrem Staub verstopfte und im *Galao*-Radio der Song »Green, Green Grass of Home« losdudelte: »Then I awake and look around me / At four grey walls that surround me«, sang Tom Jones. Mir wurde ganz melancholisch zumute. War Mitte zum Gefängnis geworden? Musste ich vielleicht mal raus hier? Es war ein Wink des Schicksals, dass Schnalle in diesem Moment in die Runde rief: »Ach, Leute, ich fahr am Donnerstag übrigens nach Köln. Zur Popkomm. Wenn einer von euch mitwill, kann er Bescheid sagen.« Der Professor schnaufte abfällig und murmelte irgendwas von »Karneval«, Martin verdrehte die Augen und ächzte »Köln!«, nur ich war auf einmal wieder hellwach: »Bescheid!«

31

»Theo gegen den Rest der Welt« trifft Oscar-Verleihung

Freiheit beginnt da, wo der Normalbürger anfängt, sich zu schämen. Wenn es danach ging, war der Köln-Trip eine brausende Demonstration der Freiheit. Wir scheiterten und schockten, strauchelten und stanken, dass es nur so krachte. Allerdings auf hohem Niveau. Was dann wieder bezeichnend für unsere spezielle Situation war. Unsere Truppe bestand aus vier Türstehern, die vielleicht ein bisschen zu lange und ein bisschen zu heftig an der saftigen Brust der Großen Freiheit Mitte gesaugt hatten, als dass wir uns unserer Exotenstellung noch bewusst gewesen wären. Wir fuhren in dem Bewusstsein los, dass wir in Berlin weltbekannt waren, und setzten voraus, dass wir es auch in Köln sein würden. Überholspur ahoi!

Es fing damit an, dass Schnalle vergaß, ein größeres Auto zu organisieren, und wir deshalb mit seinem alten Skoda Forman losgondelten, der eigentlich viel zu klein und viel zu klapperig war, um die 600-Kilometer-Strecke mit vier Insassen zu wuppen. Donnerstagmittag tuckerten wir los. Ich hatte verschlafen und keine frische Wäsche mehr im Haus, deshalb hetzte ich in benutzten Klamotten zum Treffpunkt. Doch damit war ich in guter Gesellschaft. Neben Schnalle, der fuhr, waren noch Mercutio und Hardie dabei. Sie quetschten sich auf die Rückbank.

Hardie war in Berlin als Teddybär von der Tür bekannt. Er war ein Veteran. Man kannte ihn auch, wenn man ihn nicht kannte. Schon wegen seiner markanten Erscheinung. Er lebte sein Motto »Die größte Lüge der Menschheit ist, dass der Mensch sauber ist« konsequent. Zu waschen schien er sich selten, und wenn ich ihn traf, schien er immer dieselben Trainingshosen und dieselben Schlappen anzuhaben. Sein Markenzeichen war allerdings ein M65-Feldparka aus dem Vietnamkrieg. Den behielt er sogar beim Schlafen an. Zumindest auf unserem Trip. Mercutio war sein Bruder im Geiste: ein rauschebärtiger Vollalkoholiker, der am Rosenthaler Platz die *Kompass-Bar* gegründet hatte – eine Fußballkneipe, in der er jede Woche drei Tage durchfeierte und es trotz seines Suffs immer wieder schaffte, eine der schicken Blondinen abzuschleppen, auf die er so scharf war.

Das war sie also: die Popkomm-Abordnung von Berlin-Mitte. Ein abgerocktes Türsteher-Quartett, das in einem noch abgerockteren Auto losröchelte und schon um zwölf an der Siegessäule die erste Pulle Rotkäppchen köpfte. Das war Mercutios Idee. Er faselte ununterbrochen von »Champagner« und davon, dass er seinen eigenen Champagnervertrieb aufbauen wollte. Dabei wusste man nie so genau, ob er den Unterschied zwischen Sekt und Schampus wirklich nicht kannte oder ob er die Begriffe absichtlich durcheinanderbrachte. Man hakte aber auch nicht nach. Man hörte einfach zu. Seine Fantastereien waren so wirr und wild und wunderbar, dass es schon wieder genial war.

Die Rotkäppchen-Pulle machte also die Runde, die Stimmung war super, und gerade als Schnalle einen großen Schluck nahm und brüllte: »Köln, wir kommen!«, gab der Skoda den Geist auf. Wir waren kurz hinterm Ernst-Reuter-Platz, also noch nicht mal aus Berlin raus, da war schon wieder Schluss. Wir schoben die Karre auf den Hof einer Tankstelle, wo Schnalle alle möglichen Kabel und Knöpfe checkte, was aber auch nichts brachte. Der Skoda war tot.

»Vielleicht liegt's an Charlottenburg«, meinte Schnalle. »Ich weiß nicht, ob ich mit dem Auto überhaupt schon mal in den Westen gefahren bin.«

Gleichzeitig stand Mercutio wild gestikulierend am Tresen im Tankstellenshop. Er hatte im Sektregal eine Lücke entdeckt und wollte den Verkäufer davon überzeugen, an dieser Stelle »seinen« Champagner zu platzieren. Gebetsmühlenartig wiederholte er »Ich bin nämlich im Champagner-Geschäft«. Nach einer Weile resignierte der Verkäufer und nickte: »Okay, leg los!« Prompt stiefelte Mercutio zum kaputten Auto, pfropfte den Plastikkorken auf unsere halb volle Flasche Rotkäppchen und krakelte mit einem schwarzen Edding »Mercutio's« aufs Etikett. Dann stiefelte er zurück in den Shop und stellte die Flasche an die freie Stelle. »Voilà!«, sagte er dabei stolz. Und wieder wusste keiner, ob er nun alle verarschte oder das Ganze nicht irgendwie doch ernst meinte. Wir lachten uns weg.

Dann ging die große Telefoniererei los. Wir mussten ja ein neues Auto organisieren. Die Zeit, in der Mobiltelefone im Bekanntenkreis Mangelware gewesen waren, war lange vorbei. Inzwischen hatten wir den Euro, und wir hatten alle Handys. Auch das waren Signets der Kommerz-Ära. Schnalle besaß sogar zwei Telefone, ein privates und ein geschäftliches. Aber was half es, wenn man einen Freundeskreis hatte, in dem der Großteil der Leute mittags um zwölf entweder noch am Schlafen oder am Feiern war? Jedenfalls erreichten wir keinen. Da fiel mir Igor ein, der bekehrte Griesgram aus dem *101*. Hatte er nicht gesagt, ich solle anrufen, wenn ich mir bei ihm ein Auto leihen wollte?

So fuhren wir nicht mit Schnalles rostigem Skoda zur Popkomm, sondern mit einem blitzeblanken Bentley Continental. Als wir starteten, saß Mercutio honorig mit seinem Rauschebart und seinem Rotkäppchen in den cremefarbenen Polstern und fuhr seine Champagner-Rille weiter. Jetzt räsonierte er darüber, wie viele Tankstellen es in Deutschland gäbe, und was man für ein Imperium aufbauen könne, wenn man sie alle belieferte. Hardie saß in seinem Parka daneben und haute zwischendurch unvermittelt versaute Bemerkungen raus. Schon nach wenigen Kilometern wurde der Bentley zur Casting-Allee on the Road. Es wurde nur Mist gequasselt, ein intimes Geständnis jagte das nächste und ein Brüller den anderen. Es war die beste Autofahrt meines Lebens.

Dann waren wir in Köln. Und stellten erst mal fest, dass wir nicht organisiert hatten, wo wir schlafen sollten. Aber egal, in Mitte landeten wir ja auch immer irgendwo. Außerdem hatten wir sowieso keine Zeit zum Frischmachen, wir waren spät dran. Wir parkten den Bentley im Halteverbot und schossen los zur ersten Veranstaltung: eine Preisverleihung, die erstaunlich schnieke war. Mit rotem Teppich, Fotowand und einem Cocktailempfang, bei dem es tatsächlich echten Champagner gab. Die Leute hatten sich richtig schick gemacht. Wir nicht. Planlos und ungewaschen marschierten wir auf eine der exklusivsten Partys von Köln. Das war »Theo gegen den Rest der Welt« trifft Oscarverleihung. Hardie ging mit seinem Parka und seinen Schlappen vorweg. Am roten Teppich dachte ich zuerst, sie würden ihn abwimmeln, doch dann geschah etwas Seltsames.

Sobald Hardie die Absperrkordel erreicht hatte, verwandelte sich seine schluffige Teddy-Aura in Grandezza. Trotz seines kauzigen Äußeren hatte er ein so majestätisches Auftreten, dass keiner der geschniegelten Pagen es wagte, ihn aufzuhalten. Wir anderen also hinterher. Die Lüge, dass der Mensch sauber war, konnten wir ebenfalls entkräften, jedoch: Das interessierte keinen. Während Hardie wie ein König über den roten Teppich davonstolzierte, wurden wir von den Schniegel-Pagen erst nach einem VIP-Pass gefragt, den wir nicht hatten, und schließlich festgehalten und abgewiesen. Vor den Augen von 500 aufgebrezelten Leuten wurden wir aus dem Verkehr gezogen wie Schuljungen, die sich in die Hose gemacht hatten. Ich war mir nicht mal zu doof, hinter Hardie herzurufen: »Ich gehör doch zu dem da!« So was wäre mir in Mitte nie passiert.

Also ging wieder die Handy-Action los. Nach gefühlt tausend Telefonaten und langem Hin und Her verhalf uns schließlich Cookie zu unseren VIP-Pässen, weil er Veranstalter einer Aftershow-Party mit den Fantastischen Vier war. Wir drehten also doch noch durch. Es ging von einer Party auf die nächste, fast wie zu Hause. Nur das Gefühl, unangemessen gekleidet zu sein, hielt sich hartnäckig. Während unser Jogginghosen-Style in Berlin Standard war, schienen sich hier alle Leute fünfmal abgebürstet zu haben. Wir waren umgeben von Hemden und Handtäschchen, von akkuraten Fassonschnitten und penibel gefärbten Pseudo-Blondschöpfen.

Es war eine Welt, in der Erfolg und Glamour zu Hause waren, in der alles geordnet ablief und in der die Leute wirklich noch an die Lüge von der gesicherten Zukunft zu glauben schienen. Daher wurde mir ganz warm ums Herz, als ich plötzlich Sam in der Menge rumhüpfen sah, die Koksnase aus der *WBM*. »Michel!«, jubelte sie, als sie mich bemerkte. »Was machst du denn hier?«

»Ich spiele VIP«, lachte ich.

»Ich bin so froh, dich zu sehen!« Sie umklammerte meinen Hals wie eine Ertrinkende. »Ich ertrag das hier bald nicht mehr mit den ganzen Aktentaschenfuzzis. Komm mal mit.«

Damit nahm sie meine Hand und zog mich wie eine Irre hinter sich her auf die Damentoilette. Das war hier nicht das *Cookies*. Hier gingen Männlein und Weiblein noch getrennt aufs Klo. Zumindest meistens. Sam schob mich in die erste offene Kabine und schloss kichernd die Tür.

»Was kommt denn jetzt?«, fragte ich, obwohl ich genau wusste, was sie vorhatte. Sie hatte mich inzwischen zweimal abgeschleppt. Einmal in ihre Wohnung, einmal ins *Cookies*-Oktagon. Wenn sie bekokst war, war sie ganz versessen aufs Blasen. Es war also keine große Überraschung, dass sie mir direkt die Jogginghose runterzog und ihre Hand in meine dreckige Unterhose schob.

»Pass auf«, raunte sie aufgekratzt. »Ich werde jetzt deinen Schwanz so richtig mit Koks einschmieren.«

Damit überraschte sie mich nun doch. »Aha«, sagte ich blöd. »Wozu das dann?«

»Damit ich's runterlutschen kann, natürlich!«

Bevor ich etwas erwidern konnte, holte sie ein Briefchen Koks aus ihrer Hosentasche, zog den Bund meiner Unterhose nach hinten und schüttete das weiße Pulver hinein. Sie war so hastig dabei, dass die Hälfte danebenfiel und meine Eichel am Ende nur von ein paar kleinen Puderschneeflocken bedeckt war. Das fand sie so lustig, dass sie wie verrückt loslachte, sodass auch ich nicht anders konnte, als mitzulachen, und an Sex nicht mehr zu denken war. Wir tobten zurück auf die Party und verloren uns im Gewühl. Berliner Begegnung am Rhein.

Als ich zurück bei meinen Jungs war, machten wir es zum Spiel, die Frauen mit unserer offensiven Art erst in Verlegenheit und dann zum Lachen zu bringen. Ich machte mir außerdem einen Spaß daraus, im Gespräch mit Fremden auf meine eigenen Leute zu zeigen und die Gesprächspartner nach ihrer Meinung zu fragen. Niemand traute sich, etwas wirklich Abfälliges zu sagen, aber alle schlossen mit dem Fazit: »Ja, hier laufen schon durchgeknallte Leute rum.« Das Befremden, das hinter dieser Aussage steckte, freute mich. Vielleicht war unsere Szene dabei, in den Kommerz zu kippen, und vielleicht war die Große Freiheit Mitte dem Untergang geweiht. Aber es war beruhigend zu wissen, dass sie in uns so sichtbar weiterlebte, dass die Kölner Schickeria die Nase rümpfte. Wir würden die Freiheit hochhalten, selbst wenn in Berlin irgendwann die Hemden und Handtäschchen die Oberhand gewannen.

Die Stunden vergingen, und die Ersten von uns begannen, schlappzumachen. Nachts um drei Uhr thronte Mercutio auf einer weißen Couch in der Lounge und schnarchte so laut in seinen Rauschebart, dass er sogar die Musik übertönte. Es wurde Zeit für den Abflug. Zum Glück war die Welt klein, und ich hatte eine Bekannte getroffen, die uns bei sich schlafen ließ, auch wenn in ihrer Zwei-Zimmer-Butze bereits drei andere Leute pennten. Wir verließen den Club, winkten ein Taxi heran und ließen uns schwer auf die Rückbank fallen. Gemächlich tuckerten wir durch die Kölner Innenstadt zur Wohnung meiner Bekannten, während der Taxifahrer uns immer wieder im Rückspiegel musterte.

»Sacht mal, rieścht ihr dat auch?«, sagte er plötzlich in herzhaftem Kölsch.

»Nee«, antwortete ich. »Was meinst du denn?«

»Escht net? Dat gibt et doch gar net«, kurbelte er das Fenster runter. »Dat stinkt doch wie im Pumakäfisch hier.«

»Also, ich riech nichts«, behauptete ich standhaft, auch wenn ich genau wusste, was er meinte. Der Puma saß direkt hinter ihm. Es war der schnarchende Mercutio, der stank wie ein obdachloser Seemann.

Das blieb auch für den Rest des Trips so. Weil die Wohnung so überfüllt war, schliefen wir in Klamotten auf dem Boden und tobten am nächsten Tag ungewaschen weiter zu einem Rave. Wir waren die Schmuddelkinder der Popkomm. Wer uns finden wollte, musste nur dem Geruch nachgehen. Und auch sonst: Wir fielen auf. Auf dem Rave trugen die Frauen zwar keine Handtaschen und Perlenohrringe, aber sie fragten Mercutio immer wieder, ob er Reinhold Messner sei. Wegen seines Barts. Das war wohl lustig gemeint, aber bei uns verstärkte es nur den Eindruck, Aliens zu sein. Wir waren fremd in unserer eigenen Domäne. Feiern, tanzen, Party machen – das war doch unser Element. Aber wir machten es eben normalerweise in Berlin. Wo man uns kannte und wo sich an unserer Abgerissenheit keiner störte.

Abends lehnte ich mit Hardie auf der Galerie eines Clubs am Geländer, und wir sahen auf die tanzende Menge hinunter. Nachdem wir eine Weile geschwiegen und uns vom Puls der Beats hatten durchschütteln lassen, brüllte er mir ins Ohr: »Bald is' nur noch Resteficken!«

»Was meinst'n damit?«, brüllte ich zurück.

»Dass wir Dinosaurier sind. So was wie uns gibt's bald nicht mehr!«

»Aber jetzt gibt's uns doch noch.«

»Ja, aber die Leute haben Angst vor uns.«

»In Berlin nicht.«

»Dann ist Berlin halt der Jurassic Park.«

Ich mochte die Theorie. Berlin war der Jurassic Park und Köln der Pumakäfig, der für uns Dinos zu klein war. Auf einmal hatte ich Heimweh. Green, Green Grass of Home!

Ich wurde unruhig und ließ mich von den Beats quer durch den Club zum Ausgang treiben. Ich stolperte nach draußen, lehnte mich mit dem Rücken gegen die Hauswand und betrachtete die Szenerie. Das war hier alles so anders als in Mitte. Da kam Sam zufällig um die Ecke und hüpfte auf mich zu.

»Krass, was machst du denn hier?«, rief sie. »Ich bin so froh, dich zu sehen! Ich ertrag das hier bald nicht mehr mit den ganzen Aktentaschenfuzzis.«

Ich freute mich auch, sie zu sehen. Noch ein Dino aus der Heimat.

»Hast du noch irgendwo Koks?« Ihre Stimme war so kratzig und trocken wie die Nachtluft.

»Woher soll ich Koks haben?«, erwiderte ich. »Ich nehme das Zeug nicht. Du kannst höchstens gucken, ob noch was von dem übrig ist, was du mir gestern in die Hose gestreut hast.«

»Echt, da ist noch Koks?«

»Keine Ahnung. Ich denke, viel dürfte mittlerweile nicht mehr da sein.«

»Darf ich mal gucken?«

»Mann, Sam!«

»Darf ich mal gucken?«

»Sam, ich hab die Unterhose, glaub ich, schon seit 24 Stunden an.« Das war gelogen. Ich trug sie seit genau drei Nächten. »Ich lasse doch niemanden in meinen verschwitzten Schlüpper gucken.«

»Und wenn ich dir einen blase?«

»Hier?«

Sie nickte.

»Aber ich hab ihn seit gestern nicht gewaschen.« Auch das war gelogen. Mein Schwanz hatte genauso lange kein Wasser gesehen wie meine Unterhose.

»Ist mir egal, Michel.«

Na gut, wenn sie es unbedingt wollte. Ich lehnte mich wieder an die Hauswand, und Sam kniete sich vor mich hin. Dieser Anblick blieb mir noch lange im Kopf. Später beschwor ich ihn oft herauf, wenn ich wichste. Erst befreite sie mich von meiner Jogginghose, dann streifte sie behutsam und gleichmäßig die Unterhose an meinen Beinen herunter. Ich schloss die Augen und versuchte, nicht weiter über den Zustand meiner Unterhose und meines Schwanzes nachzudenken. Sams Gesicht, bei dem, was sie da jetzt roch und sah, wollte ich gar nicht sehen. Ich wartete, dass sie endlich meinen Schwanz zwischen ihre Lippen nahm. Dass sie an ihm saugte und ihn ohne Ende lutschte. Doch es passierte nichts. Stattdessen hörte ich es irgendwann schniefen.

Als ich die Augen öffnete und nach unten sah, war Sam sehr beschäftigt. Sie hatte tatsächlich ein Röhrchen rausgeholt und saugte damit meine nasse Unterhose ab wie mit einem Staubsauger. Auf der Suche nach ein paar Gramm Koks. Ich weiß nicht, was sie da schniefte, aber Kokain war es sicherlich nicht. So viel zu den Berliner Begegnungen am Rhein.

32
Dicker Schlitten, dünnes Eis

Ein deutscher Mann mit Kultur hat meistens kein Geld. Und ein deutscher Mann mit Geld hat meistens keine Kultur. Das ist das Dilemma, mit dem wir leben. An diesem Dilemma zerbrach auch die Große Freiheit Mitte. Nach dem Umzug der Regierung nach Berlin kippte alles. Auf einmal wurden immer mehr Clubs verboten, und es wurde penibel auf die Bestimmungen des Ordnungsamtes geachtet. Die Freiräume, in denen Leute sich für wenig oder gar kein Geld austoben konnten, verschwanden zunehmend. Häuser, in denen wir die tollsten Partys gefeiert hatten, wurden von Investoren aufgekauft, saniert und an die Meistbietenden vermietet. Das waren dann natürlich nicht mehr die Kreativlinge der Mitte-Boheme, sondern die Konzerne mit der fetten Kohle. Die guckten nur auf den Profit. Stück für Stück wurde alles auf den kleinsten gemeinsamen Nenner reduziert: das Geld. Wer was reißen wollte, brauchte Kohle. Dadurch stieg der soziale Druck. Er drückte der Freiheit die Kehle zu.

Viele Leute, die eine Zeit lang wichtige Gestalter der Clubszene gewesen waren, blieben dadurch auf der Strecke. Gerade Türsteher, die auf einmal nicht mehr als Persönlichkeiten wahrgenommen wurden, sondern in die Handlangerrolle des Security-Schlägers zurückgedrängt wurden, gerieten auf die schiefe Bahn. Ich selbst hatte immer noch meinen Kampfsport, aber es gab Kollegen, die beim Versuch, ihren alten Status zu erhalten oder zurückzuerlangen, auf die schiefe Bahn gerieten.

Leute, mit denen ich früher zusammengearbeitet hatte, waren auf einmal in Versicherungsbetrugsskandale verwickelt oder ließen sich in Ungarn und Rumänien »Jeans-Pässe« ausstellen. Davon kaufte man vier oder fünf und hatte danach entsprechend viele Identitäten, mit denen man Wohnsitze anmelden, Kredite aufnehmen, Konten eröffnen oder eben Clubs aufmachen konnte. Identitätenklau gegen das Clubsterben! Das ging natürlich in die Hose. Auf Schulden ließ sich keine Freiheit aufbauen und auf falschen Identitäten keine Authentizität. So viel war sogar mir klar.

Der schwindende Status und die Unverhältnismäßigkeit in der Bezahlung ließen aber auch mich nicht kalt. Ein Türsteherveteran aus New York, der schon im *Studio 54* gearbeitet hatte, erzählte mir mal, dass er pro Nacht mindestens 1500 Dollar verdiente, während ein Kollege von der Côte d'Azur angeblich jeden Abend mit 20 000 Euro Trinkgeld nach Hause ging. Mal steckte Boris Becker ihm einen Tausender zu, dann wieder irgendeine Gräfin oder Unternehmerin. Er war halt bekannt, gefürchtet und damit wertvoll. In Berlin funktionierte so was nicht. Da gaben die Gäste traditionell nie Trinkgeld, und die Clubbetreiber bezahlten konstant schlecht. Letzteres wurde mit der Erhaltung flacher Hierarchien begründet. Dass das eine Lüge war, entlarvte sich dadurch, dass die Clubbetreiber und DJs im Gegensatz zu uns inzwischen exorbitant abkassierten.

Auch das Publikum veränderte sich. Es zogen immer mehr Leute nach Berlin, die mit der Stadt nichts zu tun hatten und auch gar nicht zu ihr passten. Die arbeiteten für die großen Firmen, um Karriere zu machen, und gingen am Wochenende mal feiern, aber sie wollten nichts bewegen. Im Nachtleben gibt es immer zwei Kategorien von Leuten:

die Leute, die ihre Energie, ihre Kreativität und ihr Herzblut ins System stecken, und die Voyeure, die nur etwas für sich selbst rausziehen. Wenn die zweite Kategorie in die Überzahl kommt, entsteht nichts mehr. Dann wird nur noch verwaltet. So wie Berlin seit der Ära Wowereit seinen Status als Party- und Glamourstadt in erster Linie verwaltet, statt ihn neu zu erfinden.

So bewahrheitete sich das, was Hardie in Köln gesagt hatte. Wir wurden zu Dinos. Und wir wurden immer weniger. Immer mehr Leute zogen sich aus der Szene zurück. Sie hatten ihr Studium oder das Ausleben ihrer verspäteten Adoleszenz abgeschlossen und besannen sich auf ihre bürgerlichen Werte. Bei Frauen tickte die Uhr, bei Männern das Sicherheitsdenken. Auf einmal wollten sie hier was sichern und da was aufbauen, und ich dachte nur: *Warum will eigentlich jede Generation immer wieder was aufbauen? Was soll der Blödsinn? Später erben doch sowieso alles die Kinder und zerstreiten sich darüber.*

Irgendwann hatte ich das alles satt. Ich ging meine Kastanienallee hinunter und wechselte die Straßenseite, damit ich nicht ständig die gleichen Gespräche mit den gleichen Leuten führen musste. Ich wollte nicht mehr gefragt werden, wo heute was los ist. Oder ob ich den und den kenne. Ich hatte keinen Bock mehr auf das alles. Auch in meiner Funktion als Schlichter von Mitte fühlte ich mich inzwischen ausgenutzt. Es ging so weit, dass ich im Vorfeld einer Michalsky-Fashion-Show, die Hunderttausende kostete, gerufen wurde, weil es Stress mit dem Hotelier gab, in dessen Haus das Ganze über die Bühne gehen sollte. Ich kam dahin, ich vermittelte, ich sorgte dafür, dass alles wie geplant stattfinden konnte. Als Dank bekam ich eine Einladung zur Show, die ich sowieso schon hatte. Kein Geld, keine sonstige Anerkennung.

Früher, wo wir alle aus Idealismus gearbeitet hatten, war so was kein Thema gewesen. Aber hier, bei einem Event, mit dem Millionen verdient wurden, war es einfach nur ungerecht. Und es war ein Verrat an all dem, womit wir angefangen hatten. Anfangs waren wir alle gleich gewesen. Wir stellten in illegalen Räumen oder provisorischen Zwischenmieten Projekte auf die Beine. Alle machten alles zusammen, wenn einer unterging, gingen die anderen mit unter. Das schweißte uns zusammen und machte uns zu Speerspitzen einer neuen Bewegung. Doch das Gemeinschaftsgefühl war weg. Wo wir vorher mit 50 Leuten eine geniale Party gefeiert hatten, mit der alle selig gewesen wären, ging es jetzt auf einmal um Zahlen.

Viel schlimmer war allerdings, dass mein Freundeskreis sich auflöste. Der Erste, der wegzog, war Sebastian, mein treuer Wolkenkrieger aus dem *103*. Wir hatten uns nach und nach aus den Augen verloren und zum Schluss nicht mehr viel miteinander zu tun gehabt. Er hatte immer mehr gekifft und war kaum noch ausgegangen. Irgendwann hörte ich über Dritte, dass er zurück nach Österreich gezogen war. Auch Harry zog sich immer mehr zurück. Er hatte seine esoterische Ader entdeckt, machte eine kinesiologische Fortbildung und wollte Schamane werden. Martin, unser kleiner Glücksritter, plante seine Auswanderung nach Asien. Dort wollte er irgendwas im Baugewerbe machen und endlich Millionär werden. Sogar der Professor war auf dem Absprung und bewarb sich in ganz Deutschland um Stellen als Radiologe.

Auf einmal hatten sie alle immer weniger Zeit, weil sie an ihrer Karriere werkeln mussten. Was dazu führte, dass ich immer mehr Zeit hatte, um zu erkennen, dass ich in einer rastlosen Türsteherlaufbahn festsaß, die ihren Zenit erreicht hatte und mir keine Erfüllung mehr verschaffte. Eine

Tätigkeit, die als Freundschaftsdienst begonnen hatte, war zum Selbstläufer ins Leere geworden, ohne dass ich davon reich, glücklich oder ausgefüllt gewesen wäre. Vor dieser bitteren Erkenntnis versuchte ich zunächst wegzulaufen.

Die erste Maßnahme, um mich abzulenken, war, dass ich Kampfsportvideos filmte und sie ins Internet stellte. Das war eine gute Möglichkeit, meinem Steckenpferd mehr Bekanntheit zu verschaffen und gleichzeitig Werbung für meine Escrima-Schule zu machen.

Das zweite Ablenkungsmanöver war ein gebrauchter Jeep, den ich einem Bekannten abkaufte. Der Grand Cherokee ist für mich bis heute das Symbol der falschen Fährte, auf die ich mich in diesen Tagen der orientierungslosen Neuorientierung begab. Eigentlich war er genau das falsche Auto für mich. Ein dicker Schlitten, der viel zu groß, viel zu klotzig, viel zu aufschneiderisch und zu klischeehaft war.

Wenn ich mit dem Ding über das Holperpflaster im Prenzlauer Berg ratterte, machte ich mich damit zum Feindbild all jener, bei denen ich eigentlich gerne dazugehört hätte. Die Mütter mit ihren Kinderwagen guckten übellaunig, wenn ich um die Ecke bog, für die Singlefrauen mit ihren Fahrrädern war ich sowieso der Straßenschreck. Trotzdem genoss ich die neue Mobilität. Es machte Spaß und atmete einen Hauch von Freiheit, abgeschottet und ohne ein konkretes Ziel in der geräumigen Kapsel des Riesenautos durch die Gegend zu heizen.

Anfangs erinnerten mich diese Fahrten ein bisschen an die Zeit, als ich in Hamburg Wagenmeister im *Steigenberger Hotel* auf der Fleetinsel gewesen war. Damals muss ich 20 gewesen sein. Es war der perfekte Job! Die Leute kamen mit ihren Porsches, neuen Mercedes und Lamborghinis, und ich fuhr die Dinger fröhlich in die Tiefgarage. Dort wartete schon mein Kollege, damit wir Rennen fahren konnten. Mit Vollgas bretterten wir eine 80 Meter lange Rampe runter, um einen Meter vor der Mauer mit quietschenden Reifen zum Stehen zu kommen. Danach war die ganze Garage voller Rauch. Einmal stoppte ein nagelneuer Mercedes erst zehn Zentimeter vor der Mauer. Alter Schwede, ging mir da die Pumpe. Es war trotzdem ein Riesenspaß.

Noch besser waren die Spritztouren. Wenn ich ein Auto richtig toll fand, fuhr ich es nicht direkt in die Tiefgarage. Dann setzte ich mich rein, zog Schlips und Sakko aus und fuhr erst mal eine Runde über die Reeperbahn. Ich machte eine Pause an irgendeinem Imbiss, trank, ans Auto gelehnt, eine Cola wie der Chef vom Dienst und dampfte zurück zum Hotel. Das war meine Entschädigung für das mickrige Trinkgeld, das die Leute zahlten. Zum Schluss baute ich bei einer der Spritztouren einen Unfall. Es hatte geregnet. Auf der abschüssigen Straße runter zum Hafen kam der Wagen ins Schlingern, und ich krachte gegen ein parkendes Auto. Danach war ich den Job los und meinen Führerschein ebenso. Diese Aktion sollte mir später die Tour vermasseln, denn sie war der Grund, dass ich keinen Führerschein mehr hatte, als die Polizei mich vor dem Dreier mit Meret und Artemio rechts ranfahren ließ. Aber das war eine andere Geschichte. Sie gehörte in eine vergangene Zeit, in der ich mich an falschen Status- und Männlichkeitssymbolen abgearbeitet und die ich inzwischen eigentlich überwunden hatte.

Eigentlich. Denn in meiner Einsamkeit holte sie mich wieder ein. Weil meine alten Freunde immer weniger Zeit für mich hatten, suchte ich mir neue. Ich hing jetzt öfter mit Eser herum, dem Bordellier aus dem Wedding, der mich damals vor Onur gewarnt hatte. Durch ihn rutschte ich immer mehr in eine Unterwelt hinein, in der ich zu meiner eigenen Überraschung relativ bekannt war – nicht nur durch die Türsteherei, sondern auch durch meine Kampfsportvideos. Sie hatten mich zum Star einer kriminellen Szene gemacht, die ich mit dem Internetprojekt gar nicht hatte ansprechen wollen, die es aber begeistert aufnahm.

Das schmeichelte mir natürlich. Ich fand es toll, endlich mal nicht über die Coolness der Clubs und Partys, für die ich arbeitete, definiert zu werden, sondern über etwas, das ich mir selbst erarbeitet und ausgedacht hatte. Ich fand es auch toll, zu konspirativen Treffen und Partys mitgenommen zu werden, auf denen es um große Geschäfte und großes Geld, um Clan-Seilschaften und sonstige dubiose Machenschaften ging.

In solchen Situationen kam wieder der kleine Junge in mir durch, der auf St. Pauli zu den Luden und Halbweltbossen aufgeblickt und über die Nonchalance ihrer Brutalität und Radikalität gestaunt hatte. Eser und seine Freunde müssen diese naive Sicht auf ihre Welt gespürt haben. Vielleicht genossen sie es, jemanden um sich zu haben, der nicht aus Kalkül und Berechnung ihre Gesellschaft suchte, sondern eine wirkliche Faszination für ihre Welt mitbrachte. Vielleicht brauchten diese schweren Jungs ein Ventil in ihrer Welt der knallharten Geschäfte und bösen Gedanken. Ich wurde zu einem solchen Ventil, und das blieb nicht ohne Folgen.

Bald bekam ich zweifelhafte Jobangebote. Es fing harmlos an. Meine neuen »Freunde« fragten mich, ob ich ihnen helfen wollte, Geld einzutreiben. Viel Geld. Was auch bedeutete, dass ich dabei selbst ordentlich mitverdienen sollte. Ich sagte nicht sofort Nein, dachte ernsthaft darüber nach. Nach der Anschaffung des Grand Cherokee war ich total pleite, und weil ich immer weniger Jobs an der Tür annahm, verdiente ich gerade genug, um meinen Lebensunterhalt bestreiten zu können. War es da nicht bescheuert, einen lukrativen Job, der zwar Nervenstress, aber letztendlich nicht viel Arbeit bedeutete, auszuschlagen? *Musste* ich das Angebot nicht annehmen? Auch um meiner alten Freunde willen, die vielleicht auch deshalb keine Zeit mehr für mich hatten, weil sie sie im Angesicht ihrer erblühenden Karrieren nicht mit einem mittellosen Versager verplempern wollten?

Ein paar Tage lang bewegte ich mich auf sehr dünnem Eis. Ich war kurz davor, aufzustampfen und die Trennwand in die Unterwelt zu durchbrechen. Am Ende war es Esers Ungeduld, die mich davor bewahrte. Weil er merkte, dass ich der Geldeintreibertätigkeit skeptisch gegenüberstand, versuchte er, mich mit anderen Jobs zu ködern. Auf einmal war ich es, der Jeans-Pässe besorgen sollte, der in großem Stil Drogen verkaufen oder einen Lastwagen überfallen sollte, um danach eine Versicherungssumme von 50 Millionen Euro zu kassieren. Kein Witz! Es ging in seinen Ausführungen tatsächlich um solche Summen. Ich hätte über Jahre ausgesorgt gehabt. Ich wäre Martin, Harry und dem Professor auf einen Schlag um Längen voraus gewesen. Zumindest finanziell. Ich hätte einen Neuanfang machen können.

Nach dem Gespräch mit Eser ging ich nachdenklich am Weinbergspark entlang. Ein kalter Herbstwind riss die letzten Blätter von den Büschen und Bäumen. Ohne ihr grünes Kleid erinnerten sich mich an die Hausgerippe der Nachwendezeit. Die waren auch schutzlos vom unerbittlichen Fauchen des Windes zerzaust worden, und durch ihre kaputten Fenster waren sie ein Stück weit durchsichtig gewesen. Man hatte ihnen auf den Grund sehen können wie jetzt den Büschen im Weinbergspark – in denen die kläglichen Überreste eines alten Fahrrads vor sich hingammelten. Es war nur noch der Rahmen übrig. Er war überzogen von Moos und Rost. Es war kaum noch erkennbar, was seine ursprüngliche Bestimmung gewesen war, und doch leuchteten unter der staubigen Haut noch ein Fleckchen Rot und einzelne Buchstaben des Diamant-Schriftzugs. Das gestohlene Rad des Professors? Vielleicht. Wahrscheinlich sogar. Auf jeden Fall aber eine Mahnung. Daran, dass mein Wegzug aus Hamburg eine Abkehr von genau dem Statusdenken gewesen war, das mich jetzt auf die schiefe Bahn zu treiben drohte.

Ich ging zum *103* und bestellte einen Espresso. Bei einer fremden Bedienung, die mir mit der professionellen Freundlichkeit begegnete, mit der man die Touristen und Voyeure behandelte, die inzwischen den Großteil der Kundschaft ausmachten. Auf einmal war ich wieder ein Fremder. Aber ich war ganz bei mir. Während ich meinen Kaffee trank, schrieb ich Eser eine SMS, in der ich ihm für seine Jobangebote dankte, sie aber unmissverständlich ausschlug. Danach ging ich zu meinem Grand Cherokee und hängte ein Schild ins Fenster: »Zu verkaufen!« Ich machte mich frei von jeglichem Druck. Und von der Vorstellung, dass ich durch kriminelle Machenschaften mein Leben in den Griff bekommen könnte. Ich beschloss, mit der Türsteherei Schluss zu machen. Und dann kam Tarkan.

33
Bel Ami Tarkan

Tarkan war ein türkischer Betrüger, dessen Familie ihm angeblich sehr viel vererbt hatte, sodass er in der Lage gewesen war, sich in der Torstraße eine Eigentumswohnung für eine Million Euro in bar zu kaufen und überdies ein Fünf-Sterne-Restaurant, eine Bar und ein eigenes Magazin zu gründen. Er war einer der neuen Mitte-Macher. Und auch wenn keiner so richtig glaubte, dass er zu seinem enormen Reichtum wirklich ohne krumme Geschäfte gekommen war, wurde er vom Literaten bis zum Supermodel geschätzt und verehrt.

Auch die Medien liebten Tarkan. Gerade wegen der Ungereimtheiten in seiner Biografie, dank derer die Geschichten über ihn immer ein Hauch von Geheimnis umwehte. Ich selbst hatte ihn bereits zu *WBM*-Zeiten kennengelernt und später ab und zu bei seinen Events gearbeitet. Wir kannten uns also schon so lange, dass es nicht vollkommen überraschend kam, dass er nach dem Abspringen seines persönlichen Assistenten mich fragte, ob ich die Stelle übernehmen wollte. Die Frage kam, kurz nachdem ich den Jeep verkauft und mich von Leistungsdruck und Unterwelt losgesagt hatte. Ich sagte sofort zu.

Von nun an bestand meine Aufgabe darin, Tarkans Termine zu regeln und seine Geschäftspartner bei Laune zu halten, was im Grunde bedeutete, dass ich dreimal am Tag in seinem Fünf-Sterne-Restaurant essen und abends Models in die Mitte-Bar zum Champagner einladen musste. Dafür bekam ich mehr Kohle als Tarkans Chefredakteur, wenn auch meist verzögert. Er hatte eine extreme Neigung, seine Rechnungen nicht oder zu spät zu bezahlen. Gleich am Anfang unserer Zusammenarbeit war er irgendwann drei Monate mit der Zahlung im Verzug. Das war nicht so schlimm, weil meine Lebenshaltungskosten infolge der ganzen Umsonst-Esserei äußerst niedrig waren, aber nach einer Weile nervte es mich. Es war eine Frage des Respekts.

Als er nach dem dritten diskreten Hinweis immer noch nicht zahlte, drehte ich den Spieß um. Statt mich um seine Bedürfnisse zu kümmern, fläzte ich mich bei unserem nächsten Treffen in den Sitz und bellte in einem Ton, den sich bei ihm sonst niemand getraut hätte: »Los, bring mir mal 'ne Apfelschorle!« Alle um mich herum guckten entsetzt. Aber da Tarkan Humor hatte und genau verstand, worauf ich hinauswollte, bekam ich nach wenigen Minuten von ihm persönlich meine Apfelschorle serviert. Da guckten die Leute noch entsetzter. Und meine Rechnungen waren zwei Tage später auch bezahlt.

Dieser Vorfall prägte unser Verhältnis. Danach versuchte Tarkan regelmäßig, mir mit luxuriösen Überraschungen eine Freude zu machen. Einmal machte er einen Business-Class-Flug nach Los Angeles klar, dann wieder einen Kurztrip nach Portugal. Er hatte immer tolle Ideen. So auch an jenem Abend eine Woche vor Heiligabend, wo er meinte: »Heute machen wir was Geiles, Michel. Als Weihnachtsfeier sozusagen.«

»Ich bin gespannt.«

»Kannst du auch sein.«

»Und wann erfahr ich's?«

»Jetzt.«

»Dann schieß mal los.«

Er machte eine bedeutungsvolle Pause. Dann strahlte er mich an und verkündete: »Wir gehen in den Puff!«

Innerlich musste ich grinsen. Denn ein Puff war nun nicht gerade eine Sensation für mich. Schließlich hatte ich schon meine ersten Erfahrungen mit Frauen im Eros-Center auf der Reeperbahn gemacht. Allerdings landeten wir natürlich nicht in irgendeinem Puff, sondern im *Bel Ami*. Das war das angesagteste Luxusbordell Berlins. Der Besitzer Detlef Uhlmann, der den Laden seit Ende der Siebziger betrieb, genoss selbst in meiner Heimat St. Pauli einen gewissen Ruf. In Berlin waren die dekadenten Partys, die bei ihm gefeiert wurden, sowieso legendär.

Die Taxifahrt dorthin dauerte ewig und kostete ein Vermögen. Das *Bel Ami* lag ganz im Westen der Stadt in einer Villengegend nahe dem Olympiastadion. Von außen war das Haus nicht besonders imposant. Eher ein Spießeridyll mit heruntergelassenen Rollläden und gemähten Rasenmatten im Vorgarten. Einzig die goldverschnörkelten Laternen vorm Eingang und das diskret beleuchtete *Bel Ami*-Schild an der Fassade verliehen der Szenerie ein wenig Glanz. Drinnen sah es schon anders aus.

Im Gegensatz zur schmucklosen Fassade war das Interieur der Villa überraschend elegant. Das Ambiente war plüschig, aber nicht billig, und es strahlte Intimität aus, ohne beengend zu wirken. Weil sich der Andrang in Grenzen hielt, führte uns der Chef bereitwillig herum. Es gab einen Rauchersalon mit Brokattapeten und eine Art-déco-Bar, ein Wohnzimmer mit Chesterfield-Sofas und Kronleuchter, ein Schwimmbad, einen Whirlpool und verschiedene individuell eingerichtete Schlafzimmer.

Im ganzen Haus wimmelte es von Spiegeln, die die Räume größer erscheinen ließen, als sie waren, und die Lampen waren gerade hell genug, um die Zimmer zu erleuchten und ihnen trotzdem einen Hauch von Zwielicht zu lassen. Mit anderen Worten: Das war kein Laufhaus, das mit Rotlicht und Federkitsch vernarbte Oberflächen zu kaschieren versuchte. Trotzdem fühlte ich mich ein bisschen wie zu Hause auf St. Pauli. Ein Kreis schloss sich.

Die Juwelen im Schmuckkästchen der *Bel-Ami*-Villa waren die Frauen. Vielleicht hatte ich seit der Zickenwiesen-Party nicht mehr so viele schöne Frauen auf engstem Raum versammelt gesehen. Im Gegensatz zu den Mitte-Mädchen stellten die Damen hier ihre Weiblichkeit offenherzig zur Schau. Aber sie wirkten dabei nicht vulgär. Jede hatte ihren eigenen Charakter, der wiederum im Zusammenspiel mit dem Gestus jeder anderen neue, unerwartete Facetten zum Vorschein brachte. Wie hypnotisiert wandelte ich durch den Irrgarten der koketten Blicke und frivolen Gesten zur Bar, um mir einen Drink zu bestellen. Wie üblich galt Tarkans Devise: »Nimm dir, was du brauchst, ich zahle.« Diese Devise war mehr als ein großzügiges Angebot. Sie ging mit einer Verpflichtung einher. Er hätte es als Affront empfunden, wenn ich nicht mit einer der Ladys aufs Zimmer gegangen wäre, genauso wie er falsche Zurückhaltung beim Bestellen von Getränken als Undankbarkeit tadelte. Ich konnte aus dem Vollen schöpfen.

Während ich am Tresen auf meinen Mojito wartete, ließ ich genüsslich den Blick durch den in heimeliges Rot getauchten Salon wandern. Er glitt über schimmernde Haare und glänzende Lippen. Über zarte Schultern und weit ausgeschnittene Dékolletés. Von Gesicht zu Gesicht, von Frau zu Frau. Dann blieb er hängen. An einem Anblick, der gleichzeitig ein Genuss und ein Schock war. Mein Atem stockte, und mein Herz begann zu rasen. Denn inmitten all der schönen Frauen saß eine, die noch schöner war als alle anderen. Die in der üppigen Pracht des Salons gleichzeitig erhaben und verloren wirkte. Und die mir in diesem Moment direkt in die Augen sah. Da saß Rosa.

34

Einfach so?

Der Ausflug ins *Bel Ami* endete damit, dass ich eine Verabredung mit Rosa hatte. Zur Geldübergabe. Doch es war nicht so, wie es klingt. Beinahe hätten wir in der Nacht überhaupt nicht miteinander gesprochen. Nachdem mich der erste Anblick meiner Eva von der Fischerinsel getroffen hatte wie ein Blitzschlag, war ich innerlich wie verschmort gewesen. Nichts rührte sich mehr in mir. Ich brachte es nicht über mich, zu ihr zu gehen und sie zur Rede zu stellen. Ich hoffte sogar, dass sie ihrerseits nicht zu mir kommen würde.

Wahrscheinlich ging es ihr genauso. Sie war jetzt eine andere Person. Sie war nicht die Frau, die die Haare hochsteckte und unter ihrem Sommerkleid keinen BH trug. Sie war ein Callgirl, das mit engem Satinkleid, High Heels und offener Mähne die Salondame spielte. So folgte der Rest des Abends einer raffinierten Choreografie der Blicke und Schritte, die einerseits keinen Zweifel daran ließ, dass wir den jeweils anderen immer im Auge hatten, die aber andererseits jedes direkte Aufeinandertreffen verhinderte.

Ich verschwand sogar vor Rosas Augen mit einer bulgarischen Schönheit, die mir Tarkan zugespielt hatte, ins blaue Zimmer in der oberen Etage. Dort machte ich meinen Job und sie ihren. Mehr nicht. Ich war kein ausgehungerter Freier, der es nach drei Wochen Händchenhalten mit der eigenen Frau mal wieder richtig krachen ließ. Mitte war der größte Puff Deutschlands, nur, dass man dort nicht für Sex bezahlen musste. Es machte nichts besser, dass man es hier tat. Aber es machte auch nichts schlechter. Es war schön. Es war Sex. Wir mochten uns, die Bulgarin und ich, und tranken noch eine Weile miteinander. Intuitiv zögerte ich den Moment heraus, in dem ich zurück in Rosas Blickfeld musste. Nicht weil ich mich schämte. Sondern weil mir die Distanz wehtat, die das fremde Umfeld zwischen uns trieb.

Als ich schließlich zurück im Salon war, lief die Choreografie der Fremdheit erstaunlich reibungslos ab. Tarkan war gut drauf. Wir sprangen mit ein paar Frauen in den Pool, wir tranken Champagner, wir blödelten herum. Ich hatte Spaß. Erst, als wir gehen wollten, war Schluss mit lustig. Denn wir hatten eine Rechnung von 1500 Euro, und Tarkan hatte nur noch 600 einstecken. Da halfen auch die 200, die ich dazulegte, nur bedingt weiter.

Geldautomaten gab es in der Gegend nicht, und Anschreiben war im *Bel Ami* nicht üblich. Deshalb gab es ein zähes Rumdiskutiere mit dem Chef, das Rosa mitbekam. Auf einmal veränderte sich ihr Verhalten. Als hätte man ihr einen Stecker gezogen, verschwand alle Unnahbarkeit, alles Künstliche aus ihrer Mimik und ihrer Körpersprache. Als sie auf mich zukam, war sie auf einmal wieder die Frau, mit der ich auf der Fischerinsel Vampir gespielt hatte. Meine Rosa. »Braucht ihr Geld?«, fragte sie.

Keine Begrüßung, keine Zurückhaltung. Es war, als ob wir uns gestern zum letzten Mal gesprochen hätten.

»Uns fehlen 700!«, antwortete ich.

Sie zögerte keine Sekunde, griff in ihr blaues Kleid, zog drei Scheine hervor und gab sie mir.

»Warum machst du das?«, fragte ich.

»Weil ich weiß, dass ihr sonst Ärger bekommt.«

»Oder ist das die Entschädigung für dein Weglaufen?«

Sie kniff leicht die Augen zusammen, aber sie wich meinem Blick nicht aus. Für einen kurzen Moment schien sie zu überlegen. Dann sagte sie: »Nein, du kannst es mir ja wiedergeben.«

»Wo finde ich dich denn?«

Wieder überlegte sie: »Wir treffen uns Freitag, 17 Uhr am Bahnhof Friedrichstraße, Gleis 5.«

»Einfach so?«

Sie zuckte mit den Schultern. An ihrer demonstrativen Gleichgültigkeit merkte ich, dass sie mir entglitt. Dass sie wieder in die Rolle der Fremden zurückkroch, die mich aus jeder Ecke des Raumes beobachtete, aber nie ansprach. Ich wollte, dass sie blieb: »Warum bist du damals abgehauen?«

Sie sah mich an und schüttelte den Kopf. Ihr Blick hatte gleichzeitig etwas Kaltes und Flehendes. »Freitag, 17 Uhr«, sagte sie. Dann drehte sie sich um und ging zurück in den Salon. Als ihre Silhouette im Türrahmen in das träge Rotlicht eintauchte, musste ich an den Sommertag an der Plansche denken, wo wir uns das erste Mal gesehen hatten. Mir wurde ganz heiß dabei. Dann ging ich zu Tarkan und dem Kassierer und zahlte unsere Zeche.

35
Stille Nacht

Ein eisiger Wind fauchte mir entgegen. Die Friedrichstraße war menschenleer. Es war der 24. Dezember. Ich kam mir vor wie in einem Science-Fiction-Film aus den Siebzigern. Zwischen den historischen Prachtbauten Unter den Linden und dem Bahnhof Friedrichstraße waren in den letzten Jahren moderne Büro- und Geschäftshäuser hochgezogen worden. Mit ihren geleckten Oberflächen und gläsernen Fassaden standen sie für all den Kommerz, der Mitte allmählich auffraß. Sie verbreiteten die Sterilität einer neuen Zeit, die ich weder verstand noch verstehen wollte. Für mich waren sie nichts anderes als die Ruinen von morgen. Und ohne den üblichen Einkaufsbetrieb wirkte sogar ihre Weihnachtsdekoration grell und sinnlos.

Ich hatte erst im letzten Moment festgestellt, dass Rosa unser Treffen ausgerechnet für Heiligabend angesetzt hatte. Die meisten Menschen waren längst aus der Stadt geflohen und hatten sich in die Geborgenheit ihrer weihnachtsbaumfunkelnden Wohnungen verzogen. Auch der Professor war zu seiner Familie nach Süddeutschland gefahren.

Mich erfüllten die Weihnachtstage immer mit einem ambivalenten Gefühl zwischen Sehnsucht und Freiheit. Während die meisten Menschen um mich herum vom Sog ihrer bürgerlichen Verpflichtungen erfasst wurden, stand ich da und hatte diese Verpflichtungen nicht. Eigentlich war ich froh darüber. Aber ein kleines bürgerliches Fleckchen auf meiner Seele sehnte sich dann doch nach ein bisschen Weihnachtsbaumfunkeln und Geschenkpapiergeknister.

Von daher war es ein schöner Gedanke, Rosa gerade an diesem Tag zu treffen. Obwohl ich mir alles andere als sicher war, dass sie kommen würde. Das Geld hatte sie als *Bel-Ami*-Edelnutte sicher nicht nötig, und wenn man bedachte, dass sie mich an jenem Tag im Juni ohne ein Wort des Abschieds hatte sitzen lassen, konnte man auf die flüchtige Verabredung von jetzt nicht viel geben. Andererseits verlieh genau diese Ungewissheit dem Treffen einen besonderen Reiz. Früher hatte ich an Heiligabend ein Date mit dem Weihnachtsmann gehabt, jetzt hatte ich eins mit einer Nutte, die so was Ähnliches wie meine Exfreundin war. Schönes Antiprogramm.

Als ich mit rasendem Herzen und dampfendem Atem die letzte Stufe zu Gleis 5 hochjagte, war Rosa schon da. Ganz allein stand sie im fahlen Schein der Neonröhren. Sie trug enge Jeans, schwarze Stiefel und eine weiße Daunenjacke. Die dunklen Haare hatte sie wie früher hochgesteckt. Auf ihren Lippen lag ein dezentes Rot. Sonst war sie ungeschminkt.

Während ich vor ihr stand und nach Luft schnappte, machte sich auf ihrem Gesicht ein zufriedener Ausdruck breit.

Um Zeit zu gewinnen, holte ich als Erstes das Geld aus der Jacke. Sieben nagelneue Hundert-Euro-Scheine. Sie lachte, als ich ihr das Bündel gab, und steckte es ein, als wäre es Spielgeld.

»Vielen Dank noch mal«, sagte ich.

»War mir ein Vergnügen«, lächelte sie. »Und jetzt? Kaffee und Wodka?«

Ich musste lachen. Es gefiel mir, dass sie sich so freimütig auf unsere Fischerinsel-Rituale bezog.

»Mit dem größten Vergnügen«, antwortete ich.

»Dann komm mit!«

Damit nahm sie mich bei der Hand und zog mich in letzter Sekunde in die S-Bahn Richtung Olympiastadion, deren Türen sich gerade schlossen. Als der Zug anfuhr, küsste sie mich.

Wir fuhren zum *Bel Ami*. Rosa hatte einen Schlüssel für die Westend-Villa, die über Weihnachten den Puffbetrieb eingestellt hatte. Von der S-Bahn bis zur Villa gingen wir zu Fuß. Vorbei an Vorgärten, in denen Tannen mit Elektrokerzen leuchteten. Entlang an Fenstern, hinter denen Festessen zelebriert wurden. In der Ferne erklangen Kirchenglocken. Es war eine schöne, feierliche Atmosphäre, die uns mit einem andächtigen Gefühl von Vorfreude unserem Ziel entgegentrieb. Wir waren wie Kinder, die vor der Wohnzimmertür darauf warteten, zur Bescherung vorgelassen zu werden. Mit dem Unterschied, dass alles, was wir zu schenken hatten, wir selbst waren. Und dass unser Wohnzimmer der angesagteste Luxuspuff Berlins war.

Wir betraten das Haus durch die Hintertür. Anfangs war alles dunkel und fast bedrohlich still. Erst allmählich, mit jeder weiteren Lampe, die wir anknipsten, erwachten die vertrauten Räume zum Leben. Da war der Swimmingpool, durch den ich mit Tarkan und den Frauen getollt war, dass das Wasser nur so gespritzt hatte. Jetzt war seine Oberfläche glatt und klar. Da war der Salon, in dem Rosa und ich aneinander vorbeigetanzt waren. Ohne die ganzen Frauen und das Rotlicht wirkte er größer, aber auch weniger prachtvoll. Eher ein bisschen prahlerisch und von verblichener Eleganz.

Während Rosa aus dem Flur die Schlüssel für die oberen Zimmer holte, ließ ich vorsichtig meine Finger durch das Wasser im Pool gleiten. Die konzentrischen Wellen, die dabei entstanden, waren das Einzige, was sich in diesem Augenblick bewegte. Außer einem leisen Plätschern war kein

Laut zu hören. Im Vergleich zu den Erfahrungen von vor einer Woche bekam die *Bel-Ami*-Villa auf einmal eine große Ernsthaftigkeit. Sie wirkte nutzlos und schäbig.

Als Rosa an der Bar The Mamas and the Papas einlegte, wurde das Gebäude für einen kurzen Moment zur Metapher für die protzigen Sponsorenevents und die stylischen Hochglanzshops, die an die Stelle der Underground-Partys und der Gründerzeitruinen in Mitte getreten waren. Und zum Symbol der Sinnlosigkeit dieses Treffens. Hier würden wir die Geborgenheit der Fischerinsel mit Sicherheit nicht wiederfinden. Das war mir plötzlich ganz klar. Doch dann kam Rosa. Sie war nackt, und sie hatte Wodka dabei. Damit ließ sie mich meine Zweifel vorerst vergessen.

Für ein paar Stunden versanken wir im trügerischen Rausch der Realitätsflucht. Wir fickten, ohne etwas zu fragen, und wir redeten, ohne etwas zu sagen. Wir lungerten nackt an der Bar herum. Ich jagte Rosa die Treppen hinauf in die obere Etage, wo wir uns im Whirlpool liebten. Wir trockneten uns ab und hüpften ins nächstbeste Bett. Was zählte, war der Übermut des Jetzt und Hier. Ein Davor und Danach gab es nicht.

Es war wie damals. Doch dann entdeckte ich neben dem Bett eine kleine Dose, die ich neugierig aufhob und öffnen wollte. Ich dachte mir nichts dabei, es geschah aus der Euphorie des Augenblicks heraus. Doch Rosa, die vorher noch übermütig gekichert hatte, verstummte auf der Stelle und riss mir die Dose aus der Hand. Peinliche Stille machte sich breit. Intuitiv wusste ich, dass ich einen Fehler gemacht hatte. Dass ich eine Grenze überschritten hatte, deren Existenz mir vorher nicht bewusst gewesen war. Ich ahnte, was es mit der Dose auf sich hatte. Eine böse Erinnerung flackerte in meinem Hinterkopf auf, doch ich drängte sie zurück. Vielleicht würde sich der Vorfall ja in Wohlgefallen auflösen, wenn ich ihn ignorierte. Die düstere Vorahnung würde verpuffen, und die böse Erinnerung würde gemeinsam mit der peinlichen Stille verschwinden, ohne weiteren Schaden anzurichten. Wir würden einfach weitertrinken. Und weiter miteinander schlafen. So als ob nichts passiert wäre.

Doch als ich Rosa von hinten in die Arme nahm und an mich zog, war ihr vorher so geschmeidiger Körper starr und abweisend. Ihre Finger spielten nervös mit der Dose, die sie umklammerte, als müsse sie sie vor mir schützen. Mir war klar, dass jeder Versuch, sie ihr abzunehmen, zwecklos sein würde. Ich konnte höchstens darauf hoffen, dass ich sie mit meiner eigenen Geilheit dazu bringen konnte, sie von selbst aus der Hand zu legen. Doch es war zu spät. Rosa wand sich aus meiner Umarmung und sah mir mit einem fremden Flackern im Blick in die Augen. *Sag es nicht! Bitte, sag es nicht!,* schrie ihr meine innere Stimme entgegen. Vergeblich. Die heisere Antwort lautete: »Wie sieht's aus, Michel? Willst du zugucken, wie ich mir einen drücke?«

Sie versuchte ein Lächeln, aber es verunglückte. Stattdessen schob sie in gespielter Munterkeit hinterher: »Und danach ficken wir!«

Was sollte ich tun? Ich konnte Nein sagen und alles kaputt machen. Oder ich konnte mit den Achseln zucken und darauf hoffen, dass die Verstörung des Augenblicks schnell vorbeiging. Ich tat das Zweite. Wenn auch widerwillig.

»Echt? Mann, du bist klasse.«

Während Rosa hastig die Dose öffnete und ihr Besteck rausholte, dachte ich an meine Jugendliebe Claudia. Sie war das Alphaweibchen vom Hamburger Kiez gewesen. Eine starke Frau, die vor nichts Angst gehabt und sprichwörtlich alle umgehauen hatte. Jahrelang war sie die Frau meines jungen Lebens gewesen. Einmal hatte sie mich geküsst. Zu mehr war es nie gekommen. Sie hatte sich mit 16 den Goldenen Schuss gesetzt. Hatte ich Rosa je davon erzählt? Sollte ich es jetzt tun?

Schwer atmend sah ich zu, wie sie in Windeseile die Spritze vorbereitete – mit einem Zigarettenfilter, in dem sie den Stoff aufsaugte. Sie schnürte ab. Sie jagte sich die Nadel in die Armbeuge. Sie pumpte das Gift in ihre schwachen Adern. Im gleichen Moment wich jede Hast und jeder Widerstand aus ihrem Körper.

Mit traumwandlerischer Leichtigkeit löste sie die Abbindung und sank in meinen Schoß. Aus der stolzen Schönheit von der Plansche war ein Mädchen geworden, das in den Armen eines Fremden Schutz suchte. Ihre Lippen waren prall und feucht, ihre sonst so leuchtenden Augen stumpf und müde. »Küss mich«, raunte sie, und ich tat es. Gleichzeitig nahm sie meine Hand und führte sie an ihre Vagina. Auch die fühlte sich prall und feucht an. Rosa stöhnte unter meiner Berührung: »Komm, wir ficken!«

Ich hätte Nein sagen können. Ich hätte sie dafür bestrafen können, dass sie ein Feigling war, der vor dem Leben davonlief. Ich hätte auch fragen können, wovor sie davonlief. Ich tat nichts von alledem. Stattdessen fickte ich sie. Es war ein Abschiedsfick, gleichzeitig ein Geschenk und ein Egotrip. Es war der Fick, den ich von Claudia nie bekommen hatte. Es war wunderschön. In diesem kurzen, aber heftigen Liebesakt war ich mit Rosa durch die gefühlte Lebensgefahr enger verbunden als je zuvor. Mit dem Leben spielen, das war die höchste aller Freiheiten. Das Endgültige und das Allerliebste vor Augen, den sprichwörtlichen seidenen Faden in der einen Hand, die Klinge vollkommener Gleichgültigkeit in der anderen. Erst nach dem Höhepunkt, als das brave, tapfere Herz hektisch seine sechs

Liter Blut zurück in die Bahnen schoss, erinnerte ich mich daran, dass nach dem Orgasmus immer nur vor dem Orgasmus und Rosa nicht Claudia war – und dass das Spiel mit dem Leben pseudoromantischer Literatenscheiß war.

Als Rosa später high, aber friedlich schlief, zog ich mich an und haute ab. Auf einmal hatte ich es sehr eilig. Die Wände der riesigen Puff-Villa schienen sich um mich zusammenzuziehen. Ich bekam kaum noch Luft. Das Haus fühlte sich an wie all das aus meiner Vergangenheit, das ich längst hatte hinter mir lassen wollen. Im ersten Stock lag die tote Claudia, aus dem Salon wehte der Billigparfumgeruch meines ersten Nuttenbesuchs im Hamburger Eros-Center herüber, damals in einem früheren Leben. Unter der Wasseroberfläche des leeren Pools versuchten die Schreie des Professors, meine eigenen zu übertönen: »Mich hat sie zuerst angeguckt!«

»Nein, mich!«

»Ich krieg sie!«

»Nein, ich!«

Keiner von uns beiden hatte Rosa gekriegt. Nicht wirklich. Weg hier.

Ich rannte hinaus in die Nacht. An den schlafenden Bürgervillen entlang zur S-Bahn, die mich zurück auf die Überholspur bringen sollte. Feiertagstakt, warten im Eis. Was die Sommer in Berlin an staubiger Hitze mitbrachten, machte der Winter durch klirrenden Frost wett. Die Kälte kroch vom Beton des Gleises durch die Schuhsohlen in den Körper hinauf, immer höher, in die Waden, zu den Knien, zum Schwanz. *Wenn das Eis dein Herz erreicht, bist du tot*, dachte ich. Auch wieder so Romantikscheiß.

Die S-Bahn fuhr ein. Neonlicht, zerschnittene Polster, beschlagene Scheiben. Menschen? Fehlanzeige. Keiner fuhr um diese Zeit Bahn. Wie spät war es überhaupt? Vier Uhr nachts. Fünf schwarze Stunden, bis der Tag hochkroch. Trüb und träge wie der Regenwurm an meiner ersten Tür.

Romantische Gefühle trieben mich zur Friedrichstraße. Da war jetzt die *WBM*-Bar. Harry hatte bei der Einweihungsparty selber die Tür gemacht. Er war superbesoffen gewesen, hatte die Leute von oben herab behandelt. Ein bisschen geschämt hatte ich mich für ihn. Schon am zweiten Abend waren weniger Leute gekommen. Die Tage waren gezählt. Die Luft war raus. Jetzt sowieso. Stille Nacht. Rüber zur Oranienstraße. Bei den Hausbesetzerkünstlern im *Tacheles* funzelte noch Licht. Rein und aufwärmen. Leere in ungeheizten Gängen. Wieder raus. Trolle mit Dreadlocks, Strickschals, Mützen rund um ein Tonnenfeuer im Hof. Scheue Blicke. Fremdheit.

Schnalle anrufen! Keiner da. Hardie anrufen! Keiner da. Mercutio anrufen! Keiner da. Professor anrufen! »Michel, was ist los?« Seine Stimme klang gedämpft, verschlafen, weit weg. »Wo bist du?« Mein Atem ein eisiger Nebel. »Süddeutschland, Michel. Du weißt doch, Familie!« Wie er dieses Wort sagte: Familie. »Frohe Weihnachten!« Eisnebel. »Frohe Weihnachten, Michel!« Es klang wie ein Abschied. Straßenbahngebimmel. Verwischte Lichter. Rennen. Dunkel. Eine Bar. Ein Drink. Eine Fremde. Ein Kuss. Weiterlaufen. Wie lang? Wie weit? Wie weiter?

Irgendwann kletterte eine große trübe Wintersonne am Morgenhimmel empor. Nach und nach überzog sie die Straßen mit ihrem Gold. Ich war im Bötzowviertel gelandet. Hier hatte ich in meinen ersten Tagen in Berlin bei einem Freund gewohnt. Fast wäre ich an dem Haus vorbeigelaufen, ohne es zu bemerken. Früher war es grau gewesen. Vom Ruß geschwärzt. Getüncht vom Staub der Berliner Jahrzehnte. Jetzt leuchtete es in der aufgehenden Sonne knallorange. Die ersten Menschen krochen aus ihren

Verstecken. Ein gebeugter Zwerg, eine dicke Frau, ein ausgemergelter Greis. Geister der Weihnacht. Die hatte noch niemand bunt angestrichen. Auch sie waren Dinos. Überlebende einer vergangenen Ära.

War ich deshalb wie sie? Dieser Gedanke erschütterte mich so, dass ich mitten auf dem Gehweg stehen blieb. Die Frau, die mir mit einem roten Mantel und einem Kind an der Hand entgegenkam, hätte ich fast nicht bemerkt. Ich nahm sie erst wahr, als sie mich ansprach: »Michel, bist du das?«

Sie sah mich an.

Ich sah sie an.

Silberblick.

»Henriette?«

36

20 Jahre

Die Sonne schien. Keine Wolken. Ich lief. Durch Mitte. Meinen Kiez. Es war Sommer. Die Frauen auf der Casting-Allee zeigten Bein, der Weinbergspark brummte, Staub und Schweiß verstopften die Poren. Manche Dinge würden sich in Berlin auch nicht ändern, wenn der Rest der Welt schon untergegangen war.

Der verstörende Heiligabend mit Rosa und die Begegnung mit Henriette am Morgen danach lagen ein halbes Jahr zurück. Beide hatten mich von den Füßen auf den Kopf und wieder auf die Füße gestellt. Ich war von meiner eigenen Vergangenheit erst zu Boden geworfen und dann wieder aufgerichtet worden. An Letzterem war Henriette schuld, ohne es zu wollen und zu bemerken.

Wir hatten spontan zusammen Kaffee getrunken. Sie hatte erzählt. Dass sie schon seit ein paar Jahren in Berlin lebte. Dass sie verheiratet gewesen war und sich gerade von ihrem Mann getrennt hatte. Dass sie zwei Kinder hatte und deswegen die Schauspielerei aufgegeben hatte, um stattdessen Lehrerin zu werden. In vielen Belangen hatten wir den gleichen Weg hinter uns. Wir waren beide mit großen Erwartungen hierhergekommen. Wir waren beide verloren gewesen. Wir waren beide am verhurten Wesen des Schauspielbetriebs gescheitert. In diesen Punkten waren wir genauso vereint wie in unseren Erinnerungen an die Zeit auf der Schauspielschule.

Was uns zu Fremden machte, war die Gegenwart. Während ich der Freiheit im Angesicht ihres Verschwindens umso mehr hinterherjagte, hatte Henriette die Suche nach ihr aufgegeben. Sie war nicht mehr die starke, waghalsige Frau, die dem Leben und den Schauspiellehrern die Stirn bot und sie mit ihrem Eigensinn in den Wahnsinn trieb. Stattdessen hatte sie sich gefügt. In ihr Leben als Mutter, in ein bürgerliches Dasein. Sie war immer noch schön, aber sie war nicht mehr hungrig. Das machte sie seltsam blass. Und es verhinderte, dass wir zu unserer alten Nähe zurückfanden.

Bezeichnend für den Verlust ihrer alten Offenheit war, dass sie mich nicht mehr erkannte. Sie, die der erste Mensch in meinem Leben gewesen war, der auf den Grund meiner Seele geblickt hatte, verstand nicht, dass ich mich weiterentwickelt hatte. Sie sah immer noch den alten Michel in mir. Den Michel, der der Macho der Schauspielschule gewesen war, der eigentlich nur mit ihr sprach, weil er immer noch was von ihr wollte. Die Große Freiheit Mitte sah sie nicht.

Sie sah nicht, was die abenteuerlichen Jahre zwischen den Ruinen aus mir gemacht hatten. Dass sie mir in ähnlicher Weise die Augen geöffnet hatten wie damals die Liebe zu ihr. Dass sie mich gelehrt hatten, dass ein gewaltloser Anarchismus funktionierte. Und dass Sex ohne Liebe genauso möglich war wie Liebe ohne Sex. Denn natürlich liebte ich Henriette immer noch. Für alles, was mit uns gewesen war. Aber nicht, weil ich immer noch mit ihr ins Bett wollte.

Am Ende gingen wir genauso fremd oder vertraut auseinander, wie wir es zum Zeitpunkt unserer Trennung in Hamburg getan hatten. Für unser Verhältnis hatte die Begegnung keine Bedeutung. Für meine Situation jedoch schon. Mein Hadern mit dem Verfall der Mitte-Szene und meine Zweifel an meinem eigenen Platz in der neuen Kommerzwelt waren auf einmal nicht mehr so schmerzhaft. Ich hatte einmal in Berlin neu angefangen, warum sollte ich es jetzt nicht ein weiteres Mal tun? Ich hatte in den Jahrzehnten, die ich auf der Welt war, schon mehrfach mein altes Leben hinter mir gelassen. Und es war nie ein Verlust gewesen, sondern immer das Gegenteil. Nur wenn wir die Freiheit haben, neu anzufangen, das Alte hinter uns zu lassen, ist alles möglich, und die Welt steht uns offen.

Was in den 15 Jahren nach der Maueröffnung in Berlin möglich war, wird dort so schnell nicht wiederkommen. Die Freiräume des Ruinenspielplatzes eines gescheiterten Staates kann man nicht künstlich erzeugen. Sie kommen erst wieder, wenn es einen Börsencrash gibt. Oder einen Krieg. Oder irgendeine andere große Krise. Solange sich die Menschen einer Struktur unterwerfen, in der einige wenige Riesenprofit machen, während sich die anderen dem sozialen Druck, überleben zu müssen, aussetzen, ist die Große Freiheit Mitte lediglich ein Raum in den Köpfen derer, die sie erlebt haben. Und ein Ziel für alle, die von ihr träumen. Darin bleibt sie lebendig.

All das ging mir durch den Kopf, während ich hinterm Bahnhof Friedrichstraße über die Weidendammer Brücke schlenderte. Am Brückengeländer standen zwei kleine Jungs, die sich über die Brüstung hängten und in die unter ihnen fließende Spree starrten. Genauso hatten mein Freund Ali und ich als Teenager am Geländer der Köhlbrand-Brücke in Hamburg gehangen. Damals hatten wir uns gefragt, was wohl in 20 Jahren mit uns sein würde. Ich hatte immer Sorge gehabt, so resigniert und spießig wie meine Eltern zu enden, doch Ali war sicher gewesen, dass es dazu nicht kommen würde. Ich bekam eine Gänsehaut bei dem Gedanken. In 20 Jahren … das war jetzt.

Notiz

Dieses Buch schildert die Erfahrungen und Erinnerungen des Autors. Mag sich die eine oder andere Begebenheit auch tatsächlich anders zugetragen haben, so sind doch alle Schilderungen, Vorkommnisse, Figurenzeichnungen und Dialoge im Buch an die Wirklichkeit angelehnt. Die Namen einiger im Buch genannten Personen wurden geändert.

Michel Ruge

Bordsteinkönig

Meine wilde Jugend auf St. Pauli

Michel wird 1969 auf St. Pauli geboren. Der Vater: Zuhälter, abgehauen. Die Mutter: blutjung, Kellnerin in einer Bar – oder so was. Seine Jugend ist wild. Den ersten Sex hat er mit 12 – in einem Bordell. Und kurz darauf geht es nicht um die Frage, ob er sich einer Gang anschließen sollte, sondern welcher. Um Respekt geht es hier, auch um Männlichkeit und das Gefühl dazuzugehören. Und schließlich steht er vor der Kernfrage, auf die alles zuläuft: Werde ich Zuhälter oder nicht?

Bordsteinkönig ist ein beeindruckendes und ungeschminktes Bekenntnis zur eigenen Herkunft.